תחושות סמיפרדו ש אופק ןדע ןג . וינפב דומעל רשפא

ודרפימס תונמא תא גגוחה לושיב רפס

צפיה גוראריה

מיניינעה ןכות

אובמ

לש םלועל םיאבה םיכורבתחושות סמיפרדו םיאישל םיעיגמ םיאופק םיחוניק ובש ,
גנעמ עסמל םכתא םינימזמ ונא ,הז לושיב רפסב .תויטנגלאו םעט לש םישדח
לש תוימרקה תא בלשמה הצחמל אופק יקלטיא חוניק ,ודרפימסה תכלממב
תא םישרהלו םכלש םישוחה תא קנפל ונוכתה .סומה לש תולילקה םע וטאל'גה
תוריצי לש םיהדמ ןווגמ םע םכלש םיחרואהסמיפרדו דעו םייסאלק םימעטמ לחה ,
לושיבה רפס ,בהלנ םיחוניק בבוח וא קיתו יתיב ףש התא םא ןיב .םיינשדח םיטסיווט
תואופק תפומ תוריצי תריצילו ודרפימסה תונמאב הטילשל ךלש רעשה אוה הזה
.דועל ההימכב םלוכ תא וריאשיש

הדיפקב ופסאנש םירגמ םינוכתמ לש ףסוא ואצמת ,הזה לושיבה רפס יפד ךרואל
תוגונעתל דעו תוריפ בולישב תוננערמ תויצאירוומ .עוריאו םעט לכל םיאתהל ידכ
לבא .רתויב ןיחבמה ךרחה תא וליפא ועיבשיש םינוכתמ ונפריצ ,םייטנדקד דלוקוש
תא ןיבהל ךל רוזעיש ךירדמ הז ;םינוכתמ לש ףסוא םתסמ רתוי אוה הזה רפסה
תא םיכפוהש םיקירטהו םיפיטה ,תוקינבטהסמיפרדו לכ דצל .ירנילוק אלפל
וקינעיש תומיהדמ תונומתו םינעוצקמל םיפיט ,בלש רחא בלש תוארוה ולגת ,ןוכתמ
.םכלש ודרפימסה תואקתפרהל תאצל הארשה םכל

רצוע חוניק םע םכלש ברעה תחורא יחרוא תא םישרהל םישפחמ םתא םא ןיב ,זא
,םח ץיק םויב ימרקו רירק קוניפל םיקקותשמ טושפ וא העפוהתחושות סמיפרדו
לש םסקה תא ץמאל וננוכתה .םכל גאדסמיפרדו תוגונעת לש םלוע חותפלו
המינפ לולצנ ואוב .םישדח םיהבגל םכלש םיחוניקה קחשמ תא הלעיש םיאופק
!רישל םכלש םעטה תוטולבל ומרגיש ודרפימס תושוחת רוציל ליחתנו

תוריפסמיפרדו

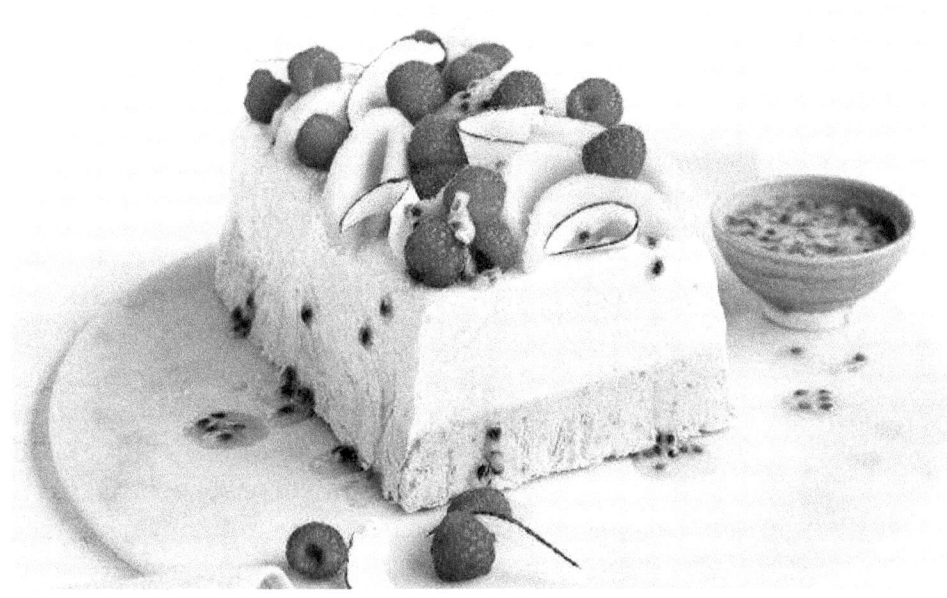

רכיבים:

- 1 כוס טפל טרי או קפוא
- ¼ כוס סוכר מגורען
- 1 כף מיץ לימון
- 1 כוס שמנת בדבה
- ½ כוס חלב מרוכז ממותק
- ½ כוס קוקוס מגורר לא ממותק
- 1 כף תמצית ונילי

הוראות:

a) בסיר קטן מערבבים את הפטל, סוכר, המגורען ומיץ הלימון. מבשלים על אש בינוני תוך ערבוב מדי פעם עד שהפטל מתפרק והתערובת מסמיכה. מעט מסיר מהאש ונותנים לו להתקרר לחלוטין.

b) בקערת ערבוב גדולה, מקציפים את השמנת עד שנוצרות פסגות רכות.

c) מערבבים בקערה הנפרדת את החלב המרוכז הממותק, קוקוס מגורר ותמצית הונילי. מערבבים היטב.

d) מקפלים בעדינות את תערובת החלב הממותק לתוך קרם הקצפה עד לקבלת תערובת חלקה.

e) יוצקים מחצית מתערובת הקצפה לתבנית או לכלי לבחריבתכם.

f) כף מחצית מתערובת הפטל הצוננת על תערובת הקצפה שבתבנית.

g) יוצקים את יתרת תערובת הקצפה על שכבת הפטל.

h) מורחים עם מעל את יתרת תערובת הפטל לתוך תערובת הקצפה, ויוצר טקפא שיש שאות לתוך תערובת הקצפה ורוח.

i) מכסים את המחבת או בניילון למזון או בכימה לכימה לביניך ווד שהוא נוגע במשטח החציי- פרד כדי למנוע ותצרות וגבישי קרח. מניחים אותו במקפיא למשך 6 שעות לחפתוח או למשך הלילה עד שהוא מתייצב.

j) כשמוכן להגשה, מוציאים את הסמפידרו מהמקפיא ונותנים לו לבשל מעט כדי לרכך. חתח בסרד המכשר בכמ דקות תוקד כדי לחרתך טעם. פורסים אותו למנות וברטמפרטורת החדר ומגישים.

2. סמיפרדדו ג'ינג'ר, תאנים וחמוציות

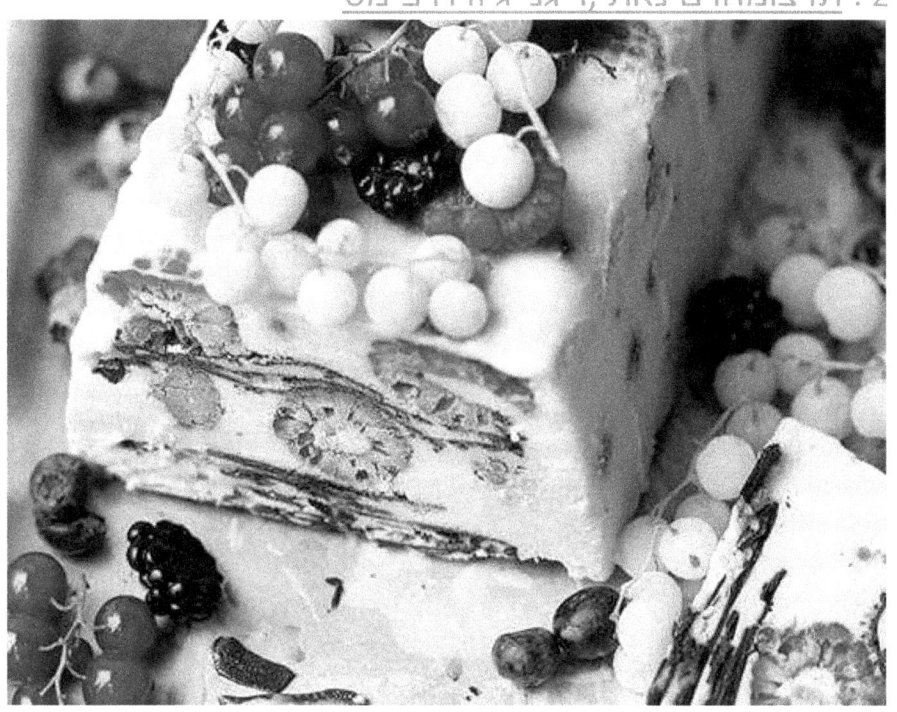

רכיבים:

- 1 כוס תאנים מיובשות, קצוצות דק
- ½ כוס חמוציות מיובשות
- 2 כפות ג'ינג'ר מגובש, קצוץ דק
- 2 כפות גרידת תפוז
- ¼ כוס מיץ תפוזים
- ¼ כוס דבש
- 4 ביצים גדולות, מופרדות
- ½ כוס סוכר מגורען
- 1 כף תמצית וניל
- 1 כוס שמנת בכדה
- תאנים נוספות, חמוציות וג'ינג'ר מגובש לקישוט (לא חובה)

12

הרואות:

a) בסיר קט'ן מערבבים את האתניבים מהמיצוויות החומצויות, המיבוישות, הג'גני'ר. בסמגובה, גרידה התפוזו, מים התפוזיהם ובשלמילים על אש בניובין, תור ערבוב. מסריים מהאש שאהם לו מסריים מהאש שאהם לו ונתנים הביור. שהתערובות הופכה הבימה סמכת דע פעם, ידמ להתקרר.

b) בעקרת מיקסר, טורפים יחד את החלמונים וסוכרו עד שהתערובות הופכה חלקית ומרוחית.

c) מוסיפים את תמצית הווניל לתערובות החלמונים ומערבבים עד לקבלת תערובות אחידה.

d) בעקרה הנפרדת מקציפים את השמנת הכבדה עד שנוצרות פסגות רכות.

e) מקפילים בעדינות את הקצפת לתוך תערובות החלמונים דע לקבלת תערובת אחידה.

f) מקפילים פנים המינה את תערובות האתניס, החומצויות והג'גני'ר שהתקרררו.

g) בעקרה הנקייה נוספת מקציפים את החלבונים עד שנוצרים פסגות נוקשות.

h) מקפילים בעדינות את המינה הבזהירות את החלבונים הטרופים, מקפידים לא לקרוק יותר מדי את התערובות.

i) יוצקים את תערובות הסמפירדו לתבנית או לתבנית בחריתכם. מחליקים את פני השטח בעזרת מרית.

j) מכסים את התבנית או בנייבו בניילון נצמד ומכניסים למקפיא לשרך 4 שעות לפחות או עד שהו יציב.

k) כשמוכן להגשה, מוציאים את הסמפירדו מהמקפיא לו תנים לו לשבת בטמפרטורת החדר במשך כמה דקות כדי להתרכך מעט.

l) פורסים את הסמפירדו לפרוסות, חומצויות גובשכ לקישוט, אם רוצים.

m) חולפים את הסמפירדו לכלי הגשה אישיים או פורסים אותו ומלנות.

n) מקשטים בתנאים נוספת, חומצויות גובשכ מגובש, אם רוצים.

3 . סמיפרדורוחשה רעיה לש

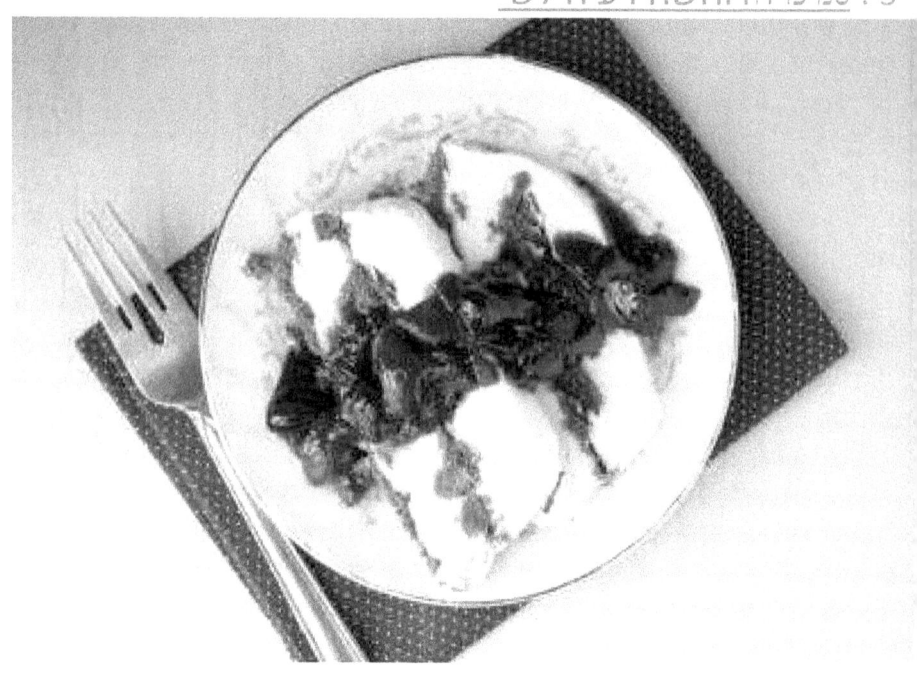

רכיבים:

- שמן או חמאה מרוכבת, לשימון
- 250 גרם דובדבנים שחורים קפואים, מופשרים, קצוצים
- 3 כפות קמח
- 3 ביצים, מופרדות
- 75 גרם סוכר דק
- 340 מ"ל קרם כפול
- 50 גרם עוגיות אגוזי ג'ינג'ר, מרוסקות גס
- 60 גרם פיסטוקים קצוצים גס
- 100 גרם שוקולד מריר קצוץ גס

הוראות:

a) משמנים תבנית של 900 גרם ומרפדים אותה ברצועה אחת ארוכה של נייר אפייה (רב שתלוי על הקצוות). שימו בקערה את הדובדבנים הקצוצים, מוסיפים את הקמח, מכסים את הקערה ומניחים בצד.

b) שמים את החלבונים בקערה גדולה ומקציפים עם מקצף חשמלי עד שנוצרים פסגות נוקשות. בקערה אחרת מקציפים את החלמונים עם הסוכר לקצף. בקערה שלישית מקציפים את השמנת הכפולה עד שנוצרות פסגות רכות. מקפלים את תערובת החלמונים לתוך הקצפת, עד לקבלת תערובת אחידה. ואז מקפלים פנימה את החלבונים.

c) לבסוף, מקפלים את הדובדבנים הקצוצים גס (עם המשקה להשריה אם רוצים), 40 גרם ביסקוויטים מרוסקים, 40 גרם פיסטוקים קצוצים ו-60 גרם שוקולד קצוץ עד לאיחוד.

d) יוצקים את התערובת לתבנית חלה המוכנה, מחליקים את פני השטח בעזרת כף, מכסים ומקפיאים ל-4 שעות לפחות עד להתייצבות. להגשה, ממיסים את 40 גרם השוקולד בקערה על מחבת עם מים בקושי רותחים.

e) מוציאים את הסמיפרדו מהמקפיא, ממלאים קערה גדולה במים חמים וטובלים את בסיס התבנית במים למשך כ-30 שניות, ואז הופכים על צלחת הגשה.

f) מטפטפים את השוקולד על הסמיפרדו ומקשטים אותו בשאר הדובדבנים השלמים, אגוזי ג'ינג'ר המרוסקים והאגוזים.

g) מגישים מיד. מקפיאים את השאריות מיד לאחר ההגשה עד חודש.

4. חצי לימונצ'לו ופטל

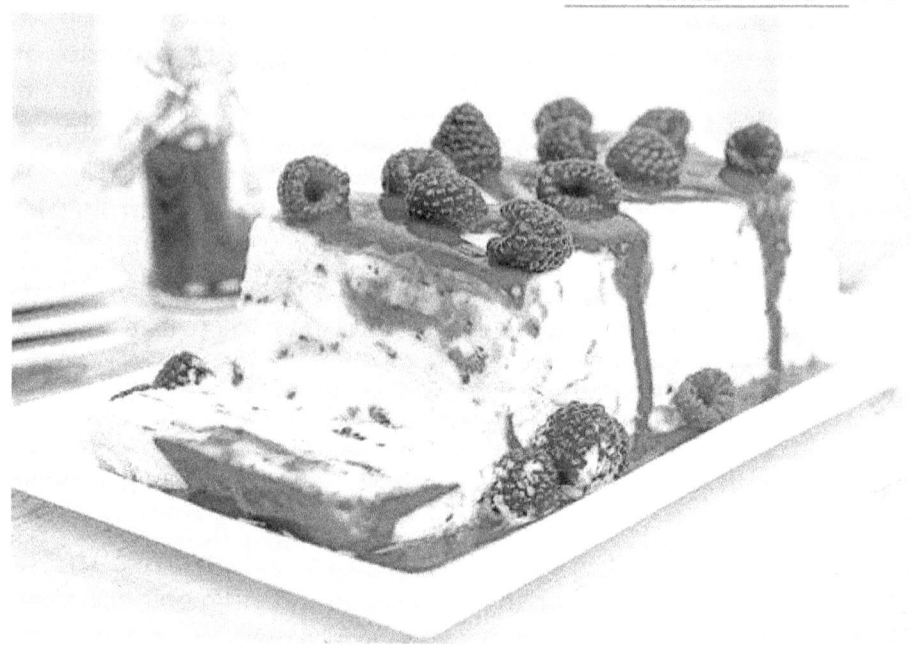

רכיבים:

- 4 ביצים גדולות, מופרדות
- ½ כוס סוכר מגורען
- ¼ כוס ליקר לימונצ'לו
- 1 כוס שמנת בכדה
- 1 כוס פטל טרי
- קליפה מגוררת מלימון 1
- ¼ כוס אבקת סוכר (לאבק)
- עלי נענע טריים (לקישוט)

הוראה:

a) בקערת ערבוב גדולה הלודג את החלמונים וחצי מהסוכר עד לקבלת קרם סמיך.

b) מערבבים פנימה את ליקר הלימונצ'לו וגרידת הלימון עד לקבלת תערובת אחידה.

c) בקערה נפרדת מקציפים את השמנת עד הבכדה ונשפכות פסגות גבוהות רכות.

d) מקפלים בעדינות את הקצפת לתוך תערובת החלמונים עד להטמעה.

e) בקערה אחרת מקציפים את החלבונים עד שנוצרים פסגות נוקשות.

f) מקפלים בזהירות את החלבונים הטרופים לתוך תערובת השמנת, מוודאים שלא יתערבב יתר על המידה.

g) מקפלים בעדינות את התותים לתוך הקצפת, משאירים מעט צבע בקישוט.

h) מעבירים בניין צנון במד בתבנית חלק או כימ לכל המתאים לקפיאה, ומפשרים לעודפים תולתל על הדפונות.

i) מקציאים את התערובת לתבנית ומדפים במקלחים את החלק העליון.

j) מכסים את התבנית בניילון ומקפיאים לצמדה למשך 6 שעות או לפחות או לליל עד להתייצבות.

k) כשמוכן להגשה, מוציאים את הסמירפדו מהמקפיא ונותנים לו להתבשל בטמפרטורת החדר במשך כמה דקות כדי להקל על החריכה לטעם.

l) הופכים את הסמירפדו על צלחת הגשה, מסירים את הניילון.

m) מפדירים את החלק העליון באבקת סוכר ומקשטים בפטל השמורה ועלי נענע טריים.

n) פורסים את הסמירפדו ומגישים מיד.

5 . יטרמאו םיפיזש לש ודרפימס

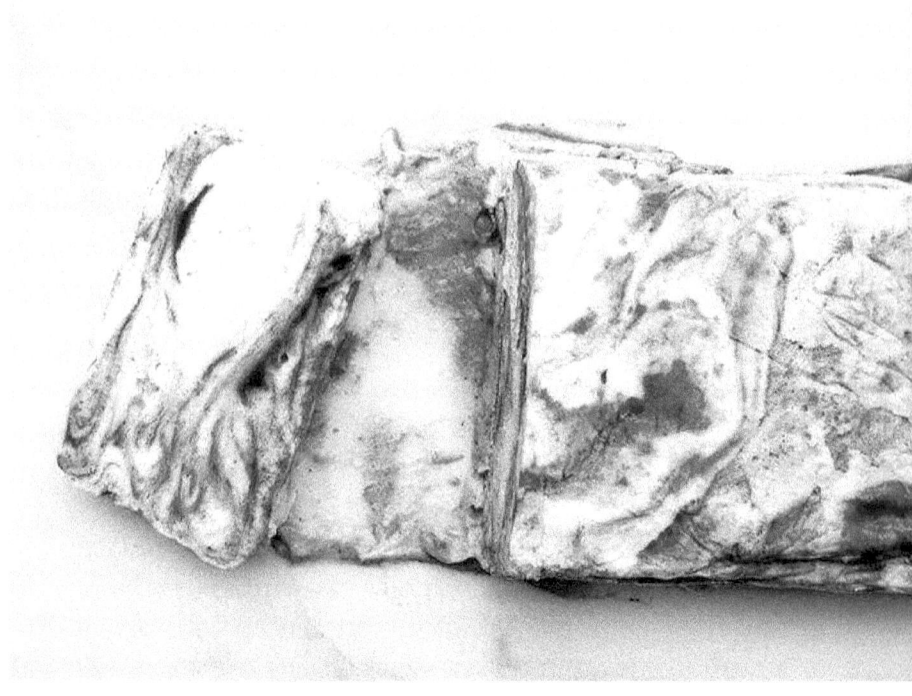

רכיבים:

- 4 ביצים גדולות, מופרדות
- ½ כוס סוכר מגורען
- 1 כפית תמצית וניל
- 1 ½ כוסות שמנת בכדה
- 6 שזיפים בשלים, מגולענים וחתוכים לקוביות
- ½ כוס עוגיות אמרטי, מרוסקות
- 2 כפות ליקר אמרטו (לא חובה)
- עלי נענע טריים, לקישוט (לא חובה)

הוראות:

a) טרופים מיקסר את בקערת מיקסר, הפרידו את החלמונים, הוסיפו את רכובת ותמצית הוניל עד לקבלת תערובת הכימה וחלווירות.

b) בקערה נפרדת מקציפים את השמנת בכדה עד שנוצרות פסגות רכות.

c) מקפילים בעדינות את הקצפת לתוך תערובת החלמונים עד לקבלת תערובת אחידה.

d) מוסיפים לתערובת השמנת את קוביות השזיפים ועוגיות האמרטי המרוסקות. אם רוצים, מוסיפים את ליקר האמרטו וטוסתף טעם.

e) בקערה אחרת מקציפים את החלבונים עד שנוצרות פסגות נוקשות.

f) מקפילים בזהירות את החלבונים הטרופים לתוך תערובת השמנת, וודאים אל לרוקן את התערובת.

g) מפרידים בזהירות צנצן תבנית חל סחם או לכמ המתאים למקפיא, ושמראים עודפים תיילות על הדפנות.

h) יוצקים את תערובת הסמיפרדו לתבנית המוכנה וחלקים את החלק העליון בעזרת מרית.

i) מכסים את התבנית בניילון נצמד ומקפיאים למשר שעות 6 לפחות או לליל עד להצטיבות.

j) כשמוכן ולהגיש, מוציאים את הסמיפרדו מהמקפיא ונתינים לו לבשל בטמפרטורת החדר במשר כמה דקות כדי להקל על טעם.

k) הופכים את הסמיפרדו על צלחת הגשה, מסירים את הניילון.

l) מקשטים עלי נענע טריים, אם רוצים.

m) פורסים את הסמיפרדו ומגישים מיד.

n) תהנו מהשזיף והאמרטי סמיפרדו וטעמים!

6 . תנמש תות ודרפימס

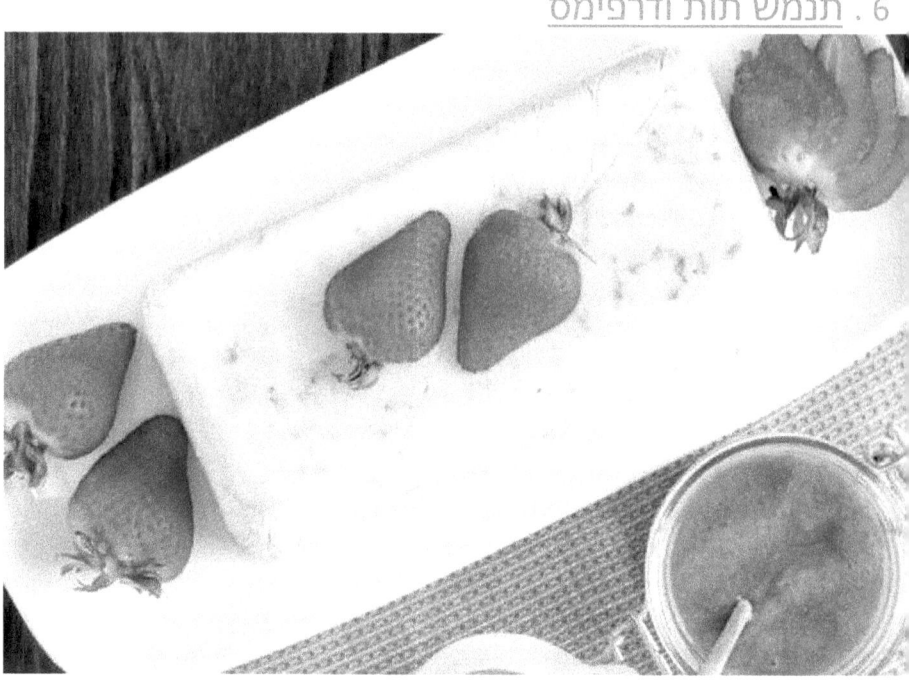

רכיבים:

- 2 כוסות תותים טריים, קלופים וקצוצים
- ½ כוס סוכר מגורען
- 1 כף מיץ לימון
- 4 ביצים גדולות, מופרדות
- ½ כוס סוכר מגורען
- 1 כפית תמצית וניל
- 1 ½ כוסות שמנת כבדה
- ¼ כוס אבקת סוכר
- תותים טריים, פרוסים (לקישוט)

הוראה:

a. בבלנדר או במעבד מזון חטחנים את התותים הטריים עד לקבלת תערובת חלקה.

b. מערבבים את ריסר המחית התותים, הסוכר המגורען ומיץ הלימון. במשלים על הז. שאת ביטונים, רות ארבע ידי פעם, עד שהסוכר נמס והתערובת מסמן הבושלתו מהכימסת טעם. מסיריים מההה ונתונים לו להתקרר חקיי בער 10 דקות. להתקרר ולהניחו.

c. לקבלת עד וניל ותמצית הסוכר, החלמונים, מיקסר את בקערת תערובת טרום פרוסים בכימה וחיוורת. תערובת

d. בקערה נפרדת, מקציפים את השמנת הכבדה ואבקת הסוכר עד שנוצרות גומות רכות.

e. מקפילים את הקצפת לתור תערובת החלמונים עד לקבלת תערובת אחידה.

f. מקפילים את פנים המחית התותים הממוצע, ומשאירים כמה פסי לאפקט משווש.

g. בקערה אחרת מקציפים את החלבונים עד שנוצרים פסגות נוקשות.

h. מקפילים בזהירות את החלבונים הטרופים לתור תערובת השמנת והתותים.

i. יוצקים את תערובת הסמיפרדו לתבנית לחם או לכל כלי עמיד בקמפיא.

j. מחלקים את הקלחה העליון וזרעו מרית מכסים בניילון וצמד.

k. מקפיאים לפחות 6 שעות או לילה עד להתייצבות.

l. כשמוכן להגשה, מוציאים את הסמיפרדו מהמקפיא ונתונים לו לבשל בטמפרטורה חדר במשך כמה דקות תוך כדי להתרככ טעם.

m. פורסים את הסמיפרדו ומקשטים בתותים טריים פרוסים.

n. מגישים מיד ונהנים!

7. אוכמניות סמיפרדו

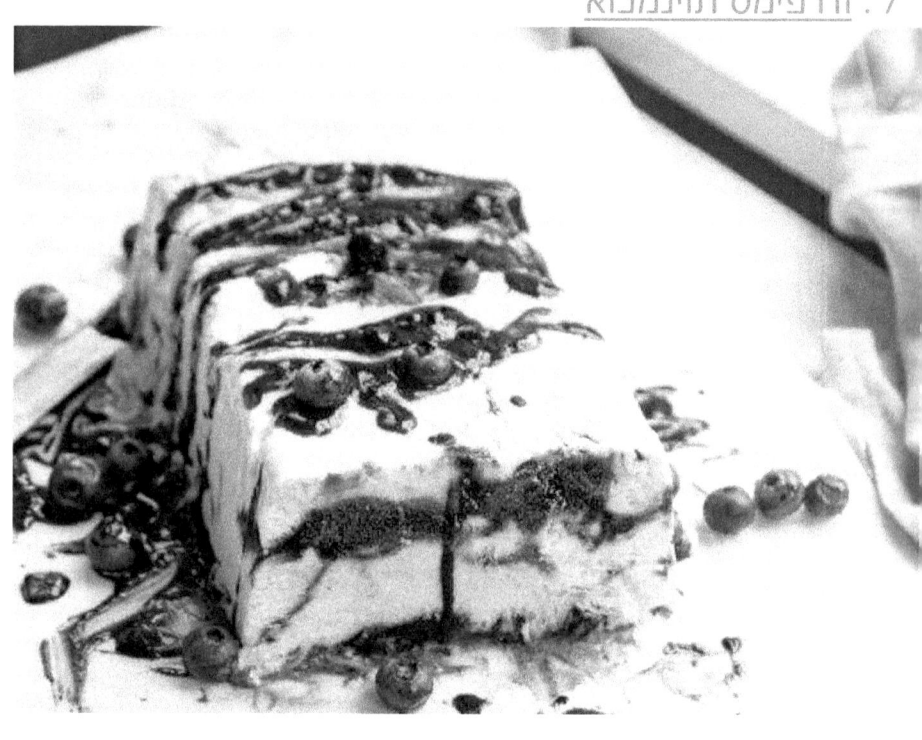

רכיבים:

● 2 כוסות אבקת שמנת טריות
● ½ כוס סוכר מגורען
● 1 כף מיץ לימון
● 4 ביצים גדולות, מופרדות
● ½ כוס סוכר מגורען
● 1 כף תמצית וניל
● 1 ½ כוסות שמנת בכדה
● אבקמניות טריות, לקישוט (אל חובה)
● עלי נענע, לקישוט (אל חובה)

23

הוראות:

a) מעבר בסביב בסיר את האומנכוניות הטריות, הסוכה רכוגמרן ומיץ הלימה. במבשלים
על שא בניונית, תור ערבו מדי פעם, עד שהאומנכוניות משחרורות את המציצה שלהן
והסוכר נמס. זה חקיי בערך 10 דקות. מסיריס מהאש ותנתינו לו להקתרריר לטיו.

b) לאחר שתערבות האומנכוניות התקררה, מעבירים אותה לבלנדר או מעבד מזון
ומערבבים עד לקבלת מרקם חלק. הַפְרִישׁוּ.

c) טורפים בקערת מערבת מיסקר את החלמונים, הסוכה ותמצית הוניל עד לקבלת
תערובת סמיכה וחיוורת.

d) בקערה נפרדת מקציפים את השמנת עד להבכה שנוצרות פסגות רכות.

e) מקפילים בעדינות את הקצפת לתוך תערובת החלמונים עד לקבלת תערובת
אחידה.

f) מקפילים פנימה את מחית האומנכוניות, ומשאירים כמה פסי אפקט משושים.

g) בקערה אחרת מקציפים את החלבונים עד שנוצרים פסגות נוקושות.

h) מקפילים בזהירות את החלבונים הטרופים לתוך תערובת השמנת והאומנכוניות,
וודאים שהתערובת לא תתרוקן.

i) יוצקים את תערובת הסמיפרדו לתבנית לח או לכל כלי מעמ דימע במקפיא.

j) מחליקים את החלקה העליונה בעזרת מרית.

k) מכסים בניילון נצמד ומקפיאים למשך 6 שעות לפחות או לליל עד להתייצבות.

l) כשמוכן להגשה, מוציאים את הסמיפרדו מהמקפיא ותנתינו לו לשבת
בטמפרטורת החדר במשך כמה דקות כדי להתרכך מעט.

m) פורסים את הסמיפרדו ומקשטים באוכמניות טריות ועלי נענע, אם רוצים.

n) מגישים מיד ותיהנו מהסמפרד ואכומניות מרענן ופירותי!

8 . הטוקירו שבד ,הנאת ודרפימס

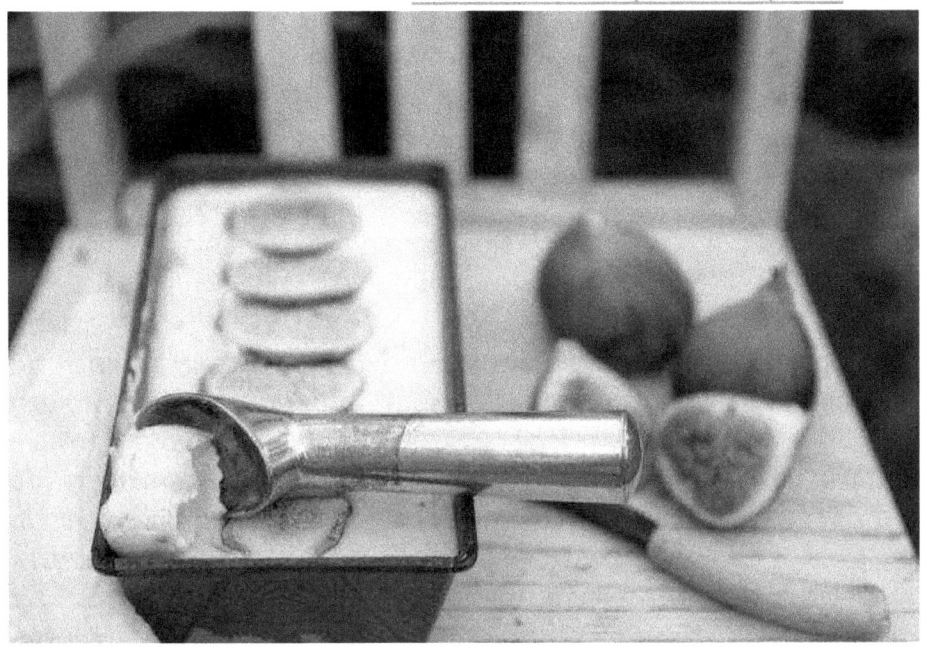

רכיבים:

- 200 גרם תאנים טריות, קצוצות
- 2 כפות דבש
- 250 גרם גבינת ריקוטה
- 200 מ"ל שמנת בכדה
- 100 גרם אבקת סוכר
- 1 כפית תמצית וניל
- ¼ כוס פיסטוקים קצוצים (לא חובה, לקישוט)

הוראות:

a) בסיר קטן ומערבבים את התאנים הקצוצות עם הדבש. מבשלים על אש בינוני כ- עד שהתאנים רכות והדבש נמס. מסירים מהאש ונותנים לו עד קדות 5 להתקרר לחלוטין.

b) בקערת ערבוב גדולה מערבבים את גבינת הריקוטה, השמנת, הדבש, אבקת הסוכר ותמצית הווניל. מקציפים במיקסר חשמלי או במטרף עד שהתערובת הופכת חלקה וקרמימית.

c) מקפלים בעדינות את תערובת התאנים שהצטננה ותל ורום תערובת מקבלים עד הריקוטה לקבלת תערובת דחיה.

d) יוצקים את תערובת הסמיפרדו לתבנית או לכלי הגשה אישיים. מחליקים את חלק העליון בעזרת מרית.

e) אופציונלי: מפזרים את הפיסטוקים הקצוצים לתפסות קראנ'צ'יות וטעם.

f) מכסים את התבנית או הכלי בניילון נצמד ומכניסים למקפיא למשך 6 שעות לפחות או לילה עד להתייצבות.

g) להגשה, מוציאים את הסמיפרדו מהמקפיא ונותנים לו לשבת בטמפרטורת החדר למך קדות כדי להתרכך מעט. פורסים או מזוגים את הסמיפרדו ומגישים במנות אישיות.

h) מקשטים בתאנים טריות נוספות או בטפטוף דבש, אם רוצים. תהנה מהסמיפרדו העשיר וטעים! שלך הריקוטה הטעימים בדשה, התאנה

רכיבים:

- 1 כוס דובדבנים טריים, מגולענים וחצויים
- 1 כוס דובדבני מרשינו, מסוננים וחצויים
- ½ כוס סוכר מגורען
- 1 כף מיץ לימון
- 4 ביצים גדולות, מופרדות
- ½ כוס סוכר מגורען
- 1 כף תמצית וניל
- 1 ½ כוסות שמנת בבדה
- חצי כוס ארוחת שקדים (לא חובה)
- עלי נענע טריים, לקישוט (לא חובה)

28

תוארוה:

a) מעברבים את רסיר האודבדנבים טיירטס, דובדבני המרשונים, הסוכר המגרועו
מעברבידושהא דע, םעפ ידמ בוברע רות, תינונוב שא אל םילשבמב ןו.הלימ ץימו
משחררים את המיצים שלהם והוסכר סמנ. הז חקיי בערב ל-10 תוקד. םינתונ ול להתקרר וחלוטי.
ונותנים לו להתקרר וחילוטי.

b) לאחר שתערובת הדובדבנים התקררה, מעבירים אותה לבלנדר או במזוז ןו
ומערבבים עד לקבלת מרקם חלק. להפרי̆ש.

c) פורטים סיפורים בקעת מיקסר את החלמונים, הסוכר ותמצית הוניל עד לקבלת
תערובת חלקה הסמיכ וחוויר.ת

d) בקער הנרפד תדרפני מקפיצים את השמנת על הבה הד גש נצורות פסגות רכוב.ת

e) מקפילים בעדינות את הקצפת לתוך תערובת החלמונים עד לקבלת תערובת
אחיד.ה

f) אם רוצים, מקפילים פנימ את המינה ארוחת השקדים ידכ להוסיף םעט םרקמ לחצי
ודרפ.

g) יקשוקי מחצית מתערובת הסמיפרדו לתבנית חל סחל וא לכל ימע דימע במקפיא.

h) כך מחצית מהחימת הודבדבנים על תערובת הסמיפרדו שבתבנית. השמתשו
בסכיו או בשיפוד ידכ לסחרר את הפירה לתור תערובת השמנת.

i) יקשוקי את המחמצית התנותר של תערובת הסמיפרדו על המעברובלת הדובדבני.ס

j) מורחים את עלמ על מחית הדובדבנים שנותרה ומערבלים אותה לתור תערבת
השמנת.

k) מכסים את התבנית בניילון נצמד ומקפיאים למשך 6 שעות או לחפחת או ללילה
עד להתייצבו.ת

l) כשמוכן להגשה, מוציאים את הסמיפרדו מהמקפיא ונותנים לו לבשל
בטמפרטורת החדר במשך קודת ידכ להתברך טעמ.

m) מקשטים בעלי נענע טריים, אם רוצים.

n) פורסים את הסמיפרדו ומגישים מיד.

o) Double Cherry-המהנ ודרפיימסתיהנהו!גנעמה

10 . הרולפיספ םע הבולבפ ודרפימס

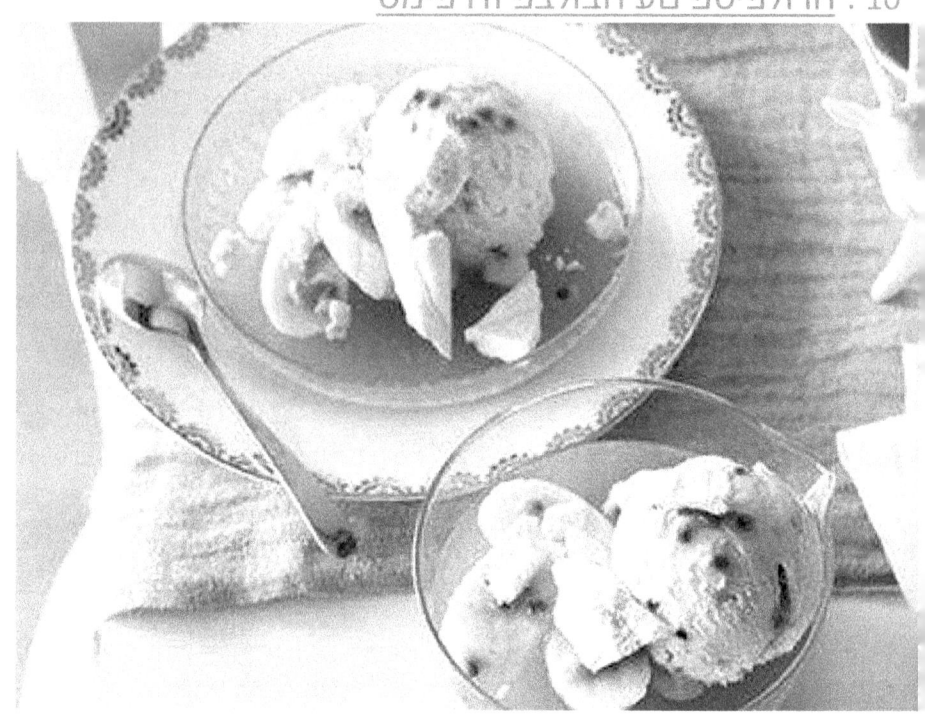

מיכבר

● 4 ביצים גדולות, מופרדות
● 200 גרם סוכר מגורען
● 1 כף עמילן תירס
● 1 כף חומץ לבן
● 300 מ"ל שמנת בכדה
● 2 בננות בשלות, מעוכות
● ½ כוס עיסת פיסטוק הרולו
● פירות טריים ועיסת פיסטוק הרולו בננה טריו ועיסת פיסטוק הרולו נוספת, לקישוט

31

הוראות:

a) מחממים את התנור ל-300 מעלות צלזיוס (150 מעלות צלזיוס). מרפדים תבנית בניר אפייה.

b) בקערת עבודה נקייה וייבשו, מקציפים את החלבונים עד שנוצרים פסגות נוקשות.

c) מוסיפים את הסוכר בהדרגה, ממשיכים להקציף עד שהתערובת במרקם וסוסה נמס.

d) מקפלים פנימה בעדינות את עמילן התירס וחומץ עד לקבלת תערובת חלקה.

e) שפפו את תערובת המרנג על תבנית האפייה הנבוכה, ובצעו, אותה הרוצל סכתפדעהל מאתהב, במבלינת או הלוגע.

f) הכניסו את תבנית האפייה לתנור שחומם מראש והנמיכו מיד את טמפרטורת האפייה (120 מעלות צלזיוס) או כשהעש או ופיה עד שהמרנג פריך מבחוץ ומעט רך מבפנים.

g) מוציאים את המרנג מהתנור ונותנים לו להתקרר לחלוטין.

h) בקערת עבודה נפרדת, מקציפים את השמנת הכבדה עד שנוצרות פסגות רכות.

i) מקפלים בעדינות את הבננות המעוכות ואת סיע הפספירולו עד לקבלת תערובת חלקה.

j) מפוררים את המרנג הצונן לחתיכות קטנות ומקפלים אותן לתערובת השמנת.

k) מעבירים את התערובת לתבנית או לכלי הגשה אישיים. מחליקים את החלקה העליון בעזרת מרית.

l) מכסים את התבנית או הכלים בניילון צמד ומכניסים למקפיא לשמרך 6 שעות או לילה עד להתייצבות.

m) להגשה, מוציאים את המימרדו וההמקפיא ונותנים לו להתנות בשל במטמפרטורת החדר מכל המקד תודך כרתהל עמט.

n) פורסים או גורסים את הפבבהולה חצי פרד ומקשטים בסורטוס בננה טרויד ופטפוט סיע הפספירולו.

o) היות והמשלוב בפבלול, עמגנ של בפבלול, ופוספירולו בקינוח הסמימרדו!

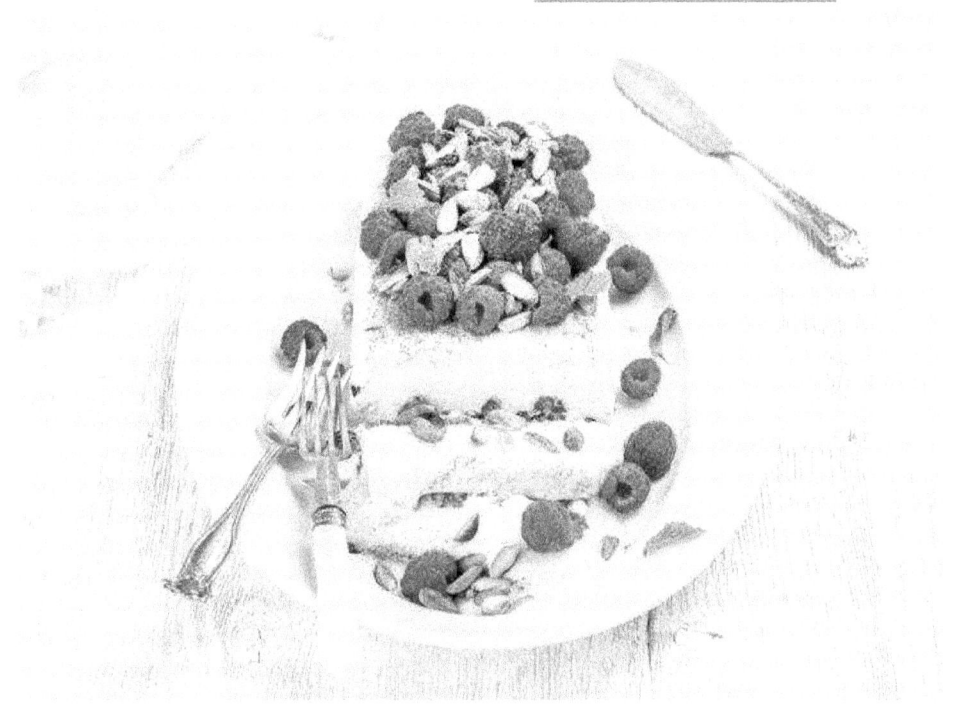

רכיבים:

- 4 חלמונים
- ½ כוס סוכר מגורען
- 1 כוס שמנת בכדה
- 1 כוס פטל טרי
- 2 כפות חומץ בלסמי
- ¼ כוס עוגיות מרנג מרוסקות (לקישוט)

הוראות:

a) בקערת ערבוב גדולה, טרפו יחד את החלמונים והסוכר עד לקבלת קרם בהיר.

b) בקערה נפרדת מקציפים את השמנת בכדה עד שנוצרות פסגות רכות.

c) בבלנדר טוחנים את הפטל והוחמץ הבלסמי עד לקבלת תערובת חלקה.

d) מקפלים בעדינות את תערובת הפטל לתוך הקצפת.

e) מוסיפים בהדרגה את תערובת הקצפת לתערובת החלמונים, מקפלים בעדינות עד לקבלת תערובת אחידה.

f) יוצקים את התערובת לתבנית או מקניח אישיים ומפזרים עוגיות מרנג מרוסקות.

g) מקפיאים לפחות 6 שעות או לילה.

h) להגשה, מוציאים אותם מהמקפיא ונותנים לו להתרפרטורת החדר כמה דקות לפני פתיחת התבנית.

12 . סמיפרדדו קוקוס ליים

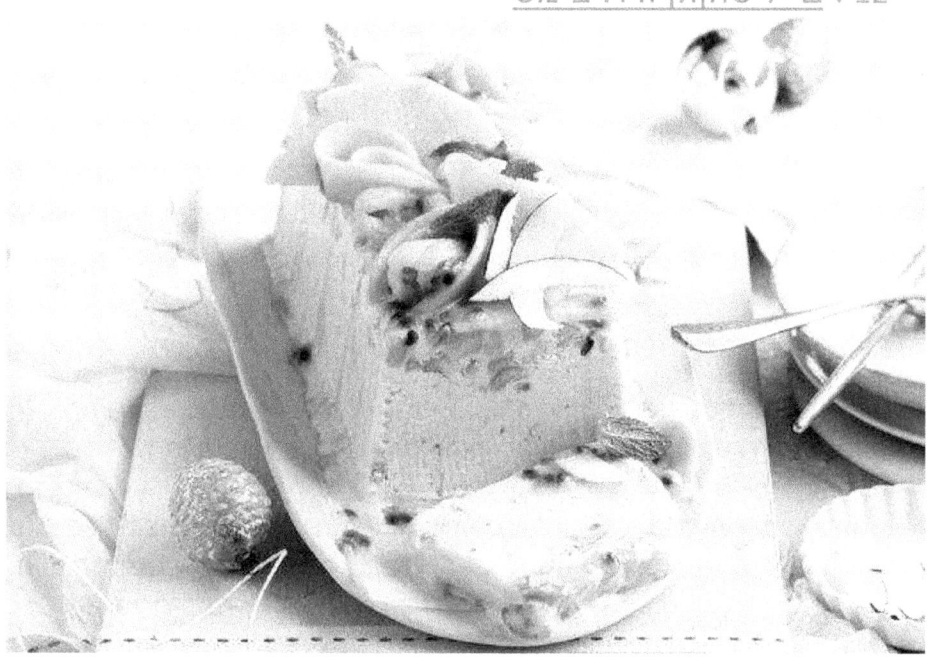

רכיבים:

- 4 חלמונים
- ½ כוס סוכר מגורען
- 1 כוס חלב קוקוס
- 1 כוס שמנת כבדה
- 2 ליים, גרידה ומיץ
- ½ כוס קוקוס מגורר, קלוי (לקישוט)

הוראות:

a) בקערת ערבוב גדולה, טרפו יחד את החלמונים והסוכר עד לקבלת קרם בהיר.

b) בסיר מחממים את החלב קוקוס על אש בינוני עד שהוא חם אך לא רותח.

c) מוסיפים בהדרגה את חלב הקוקוס החם לתערובת החלמונים תוך טריפה מתמדת.

d) מחזירים את התערובת לסיר ובמשל על אש קטן תוך כדי ערבוב מתמיד עד שהיא מסמיך מעט.

e) מסירים מהאש ונותנים לו להתקרר לחלוטין.

f) בקערה נפרדת מקציפים את השמנת הכבדה עד שנוצרות פסגות רכות.

g) מקפלים בעדינות את קרם הקוקוס המקורר, גרידת הליים ומיץ הליים לתוך הקצפת.

h) יוצקים את התערובת לתבנית לחם או מקינים סיניקים אישיים ומפזרים קוקוס מגורר קלוי.

i) מקפיאים לפחות 6 שעות או לילה.

j) להגשה, מוציאים מהמקפיא ונותנים לו להתפשר בטמפרטורת החדר מכ דקות לפני שמגישים.

36

13 . ודרפימס ימורגא

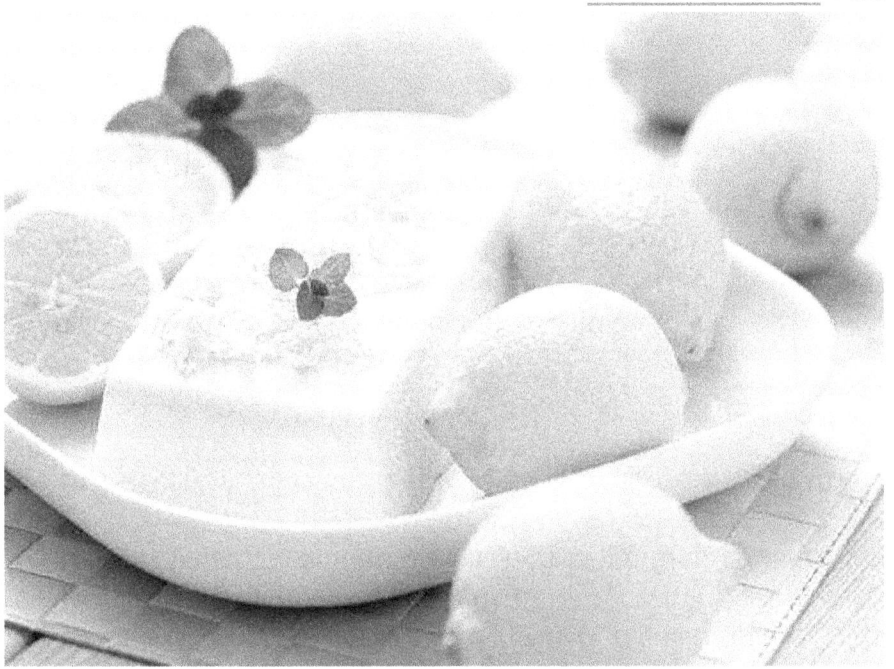

רכיבים:

- 4 ביצים גדולות, מופרדות
- 150 גרם סוכר מגורען
- גרידת 2 תפוזים
- קליפה מגוררת מלימון 1
- מיץ מתפוז 1
- מיץ מלימון 1
- 300 מ"ל שמנת בכדה
- 1 כפית תמצית וניל
- חלקי חדירה מעוברים (כגון תפוזים, לימונים ואשכוליות) לקישוט
- עלי נענע טריים לקישוט (לא חובה)

הוראות:

a) בקערת ערבוב גדולה הלודג מקציפים את החלמונים והסוכר יחד עד לקבלת קרם
   בהיר.

b) מוסיפים את גרידת התפוז, גרידת הלימון, מיץ התפוזים ומיץ הלימון לתערובת
   החלמונים. מערבבים עד לקבלת תערובת אחידה.

c) בקערה אחרת, מקציפים את השמנת הכבדה ותמצית וניל עד שנוצרות
   פסגות רכות.

d) מקפלים בעדינות את הקצפת לתערובת החדירה עד לקבלת תערובת אחידה.

e) בקערה הניקוי ויבשו השביו את החלבונים עד שנוצרים פסגות נוקשות.

f) מקפלים את החלבונים הטרופים לתערובת החדירה והשמנת עד להטמעה
   אחידה.

g) יוצקים את תערובת הסמיפרדו לתבנית או לכלי הגשה אישיים. מחליקים את
   החלק העליון בעזרת מרית.

h) מכסים את התבנית או הכלים בניילון נצמד ומכניסים למקפיא למשך 6 שעות
   לפחות או לילה עד להתייצבות.

i) להגשה, מוציאים את הסמיפרדו מהמקפיא ונותנים לו לבשל בטמפרטורת
   החדר מספר דקות כדי להקל על ההברכה למעט.

j) פורסים או חותכים את חצי יפ האגרומי המקושטים בפלחי חדירה מעוברים ועלי
   נענע טריים, אם רצוי.

k) הגישו ותהנו מהמטעמים הבהירים והחריפים של חדירה בסמיפרדו המהנעג והמרענן
   הזה!

38

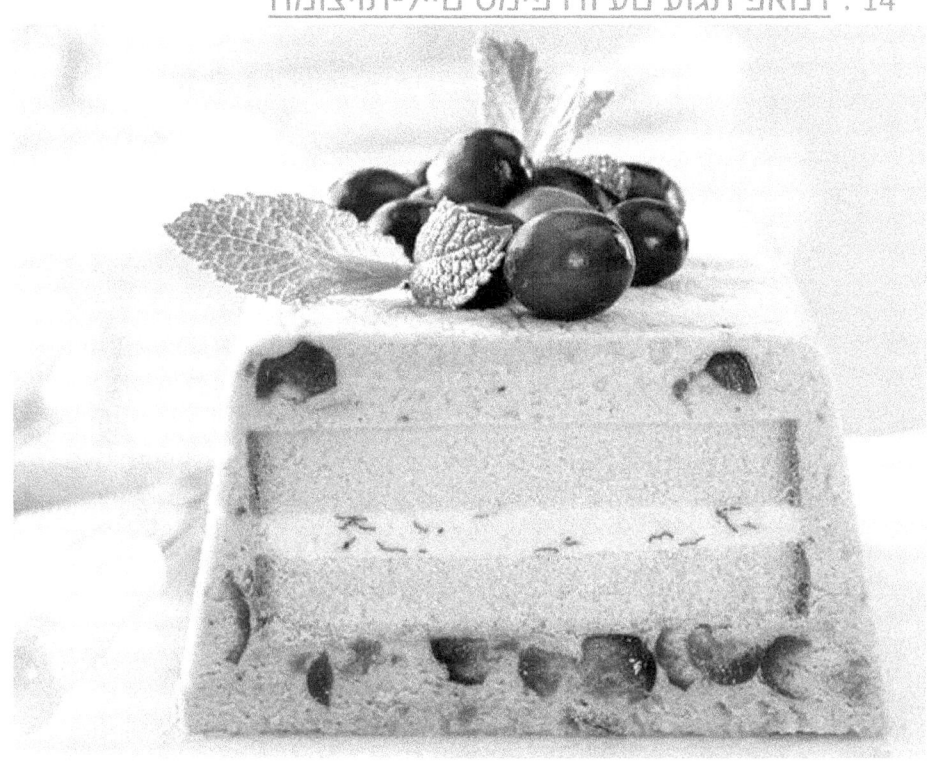

רכיבים:

ורדומיסעבור:
- 1 כוס חמוציות
- ½ כוס סוכר מגורען
- גרידת ליים 1
- מים מ-1 ליים
- 2 כוסות שמנת בכבדה
- ½ כוס אבקת סוכר
- 1 כפית תמצית וניל

עבור עוגת הפאנדו:
- 1 ½ כוסות קמח לכל מטרה
- 1 כפית אבקת אפייה
- ¼ כפית מלח
- ½ כוס חמאה ללא מלח, מרוככת
- 1 כוס סוכר מגורען
- 2 ביצים גדולות
- 1 כפית תמצית וניל
- ½ כוס חלב

הוראה

ורדומיסעבור:

a)‏ בערבבים את ריסב המחמוציות, הסוכר המגורען, גרידת הליים ומים ליים. בשמילה על שא ביוניתי רוב ארבע ידמי פעם עד שהמחמוציות מתפוצצות והתערבובת מסמיכה בערך כ-8-10 דקות. מסירים מהאש ומניחים להתקרר לחלוטין.

b)‏ בקערת ארבע גדולה, מקציפים את השמנת הכבדה עד שנוצרות פסגות רכות. מוסיפים בהדרגה את אבקת הסוכר ותמצית הוניל וכך רוך תמציתי עד הפצקה רשמה פסגות נוקשות.

c)‏ מקפילים בעדינות את תערובת החמוציות הצוננת לתוך הקצפת עד לקבלת תערובת אחידה.

d)‏ ייקצו את התערעתה לתבנית מרופדת בניילון. מחליקים את הקלה. ייצקו את התערבה בניילון נצמד ומקפיאים לפחות 6 שעל למשך נצמד בניילון העליון בעזרת מרית. מכסים עד הלילה להתצבייתוב.

עבור עוגת הפאנדו:

e)‏ מחממים את התנור מראש ל-350 מעלות צלזיוס (175 מעלות צלזיוס). משמנים ומקמחים תבנית כיכר לדוג תורכי בגודל 5x9 אינ'.

f)‏ בקערה בינונית, טורפים יחד את קמחה, אבקת האפייה והמלח.

g) בקער הגדול נפרדת, קרמו וחי דחי את האמחה הכרה והסוכר המגורעו עד
לקבלת תערובת הריהב בוחופחה. מוסיפים את הביציה וזב ואחר זו וטורפים הטיב
.לאחר כל הסוה. מערבבים פנימי את תמצית הנווילי

h) מוסיפים בהדרגה את החומרים הביבשים לתערובת האמחה, לסירוגין עם
.מערבבים רק עד לאחיד. מתחילים ומסיימים עם החומרים הביבשים, מערבבים רק עד לאחיד. חלה

i) יוצקים את הבלילה לתבנית המוכנה וחולקים את החלקים העליון. אופים 50-
.קודת 60 או עד שקיסם מסננה נענע במרכז יוצא נקי

j) מוציאים את עוגת האפאנה מהתנור ומניחים לה להתקרר בתבנית כ-10 קודת.
.לאחר מכן מעבירים אותו לרשת להתקררות מלאה.

לשרת:

k) פורסים את עוגת האפאנה לפרוסות עבות.

l) מוציאים את הספרידרו והמהקפיה מהנתונים לו לשבת בטמפרטורת החדר רדמ
.קודת בכדי להתרכך מעט.

m) מניחים פרוסת עוגת אפאנה על צלחת השגה ומעלים עליה כדור של יציק פרידו
.חומציות-ליים.

n) מקשטים עם חומציות נוספות או גרידת ליים אם רוצים.

שוקלודודרפימס

15 . הנורוט-דלוקוש ודרפימס

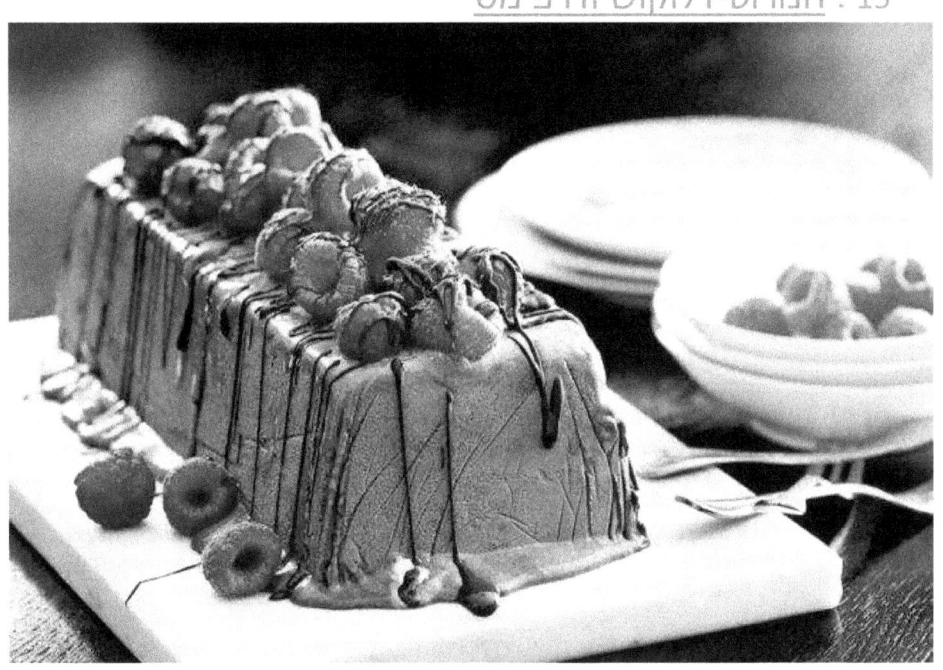

רכיבים:

- 200 גרם שוקולד מריר, קצוף
- 150 גרם טורנו (גוגן), קצוף לחתיבות קטנות
- 4 ביצים גדולות, מופרדות
- 100 גרם סוכר מגורען
- 300 מ"ל שמנת כבדה
- 1 כף תמצית וניל
- קורט מלח
- שבבי שוקולד או טורנו כתוש, לקישוט (אל הובה)

הוראות:

a)   ממיסים את השוקולד המריר בקערה הרעה מעל חום סיר עם מים רותחים. מערבבים מדי פעם עד לקבלת מרקם חלק. מסירים מהאש ונותנים לו להתקרר מעט.

b)   מקציפים את החלמונים והסוכר יחד עד לקבלת נפרדת, מקציפים את החלמונים והסוכר מוסיפים את השוקולד המומס לתערובת החלמונים ומערבבים עד קרם בהיר. מוסיפים את השוקולד המומס לתערובת לקבלת תערובת אחידה.

c)   בקערה אחרת, מקציפים את השמנת הכבדה, תמצית וניל וקורט מלח עד שנוצרות פסגות רכות.

d)   בקערה הנקייה ויבשה, מקציפים את החלבונים עד שנוצרים פסגות נוקשות.

e)   מקפלים בעדינות את תנודות הקצפת לתוך תערובת השוקולד לקבלת תערובת לחם ברכה. ואחרי את הטורנו מקפלים פנים המינה את החלבונים הטרופים, ואחרים את הטורנו קצופה.

f)   יוצקים את תערובת הסמפירד לתבנית או לכלי הגשה אישיים. מחלקים את חלקה העליון בעדינות מרית. אם מזפזים שברי שוקולד או טורנו כתוש למלמעלה לקישוט.

g)   מכסים את התבנית או הכלים בניילון נצמד ומכניסים למקפיא לרשף 6 שעות או עד הלילה עד להתייצבות.

h)   להגשה, מוציאים את הסמפירד מהמקפיא ונותנים לו לרכך מעט. פורסים או חותכים את הסמפירד ומגישים חתכה מכל הקדם קודך כדי להרכת במנות אישיות.

44

16 . ודרפימס הרבז

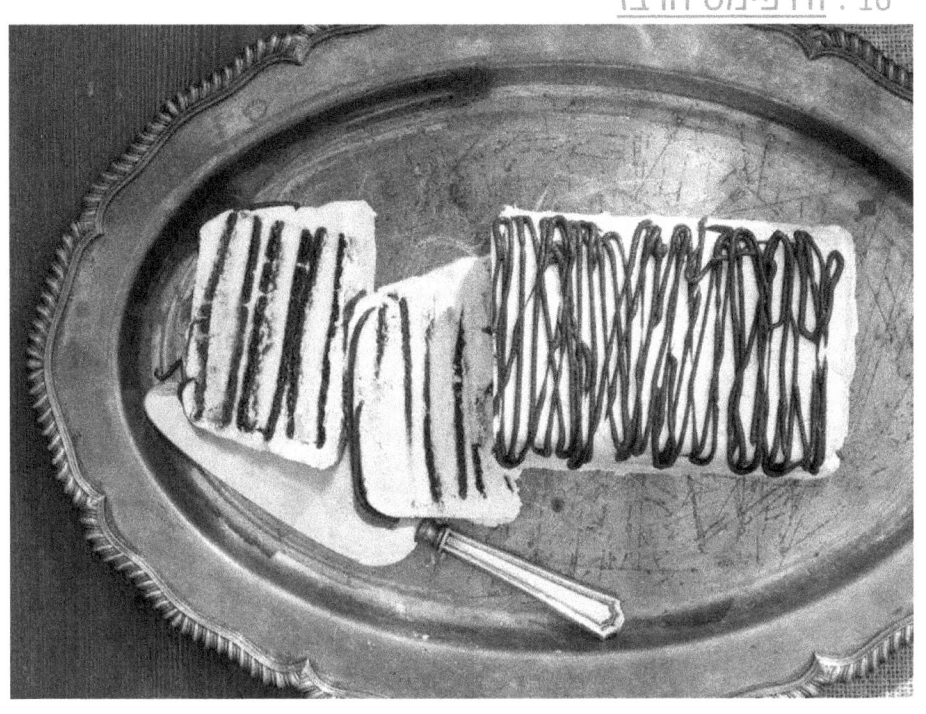

רכיבים:

● 4 עגבניות גדולות, תדרפופ, תדרדום

● ½ כוס סוכר מגורען

● 1 כף תירמצת ונילי

● 1 כוס תנמש בבכד

● 3 כף תובא תקקל לא ממותק

● 2 כף םימ םימח

● ¼ כוס שוקולד צ'יפס

46

הוראות:

a) בקרעת מיקסר גדול הלודג מקציפים יחד את החלמונים והסוכר עד שהתערבות מזה סמיך ובהיר הצוות וחיוורות.

b) בקערת ערבוב נפרדת, מקציפים את השמנת הבכבדה ותמצית הווניל עד שנוצרות פסגות רכות.

c) מקפלים בעדינות את הקצפת לתוך תערובת החלמונים עד לקבלת תערובת אחידה.

d) בקערה נקטן מערבבים את אבקת הקקאו והמים החמים עד לקבלת מקרם חלק.

e) לוחקים מחצית מתערובת הקצפת ומקפלים אותה לתערובת הקקאו עד לקבלת תערובת אחידה.

f) בקערת מיקסר נקייה סונפת מקציפים את החלבונים בעזרת מטרפה או עד שנוצרים פצק נוקשה.

g) מקפילים בעדינות מחצית מההחלבונים הטרופים לתוך תערובת קצפת הונילי עד שלא נשארים פסים של חלבון הציב.

h) מקפילים בעדינות את יתרת החלבונים הטרופים לתוך תערובת הקצפת האקקה עד שלא נשארים פסים של חלבון הציב.

i) יוצקים את תערובת הקצפת לניל לבתינת או לכל לחבריתכסם.

j) כף תערובת קצפת האקקה על תערובת הונילי בתבנית פספ.

k) השתמשו בשיפוד או בסכין כדי לסובב את העדוניות תאת שתי התערובות, יחד, וליצרו אפקט שיש.

l) מפזרים מעל את השוקולד צ'יפס.

m) מכסים את הסים או מחבת או כימה לביינול, מצמד, ואדו שהוא עגום בשמטחה חציי- פרד וכדי למנוע קוויהצות ביגש ישיח. מניחים אותו במקפיא למשך 6 שעות לפחות או למשך הלילה עד שהוא מתייצב.

n) כשמוכן להגשה, מוציאים את המאיצים והמרדפו מהמקפיא והנותנים לו לשבת טמפרטורה החדר במשך דק כדי לתוקד המכ. פרוסים אותו ומגישים.

סמיפרדו Stracciatella . 17

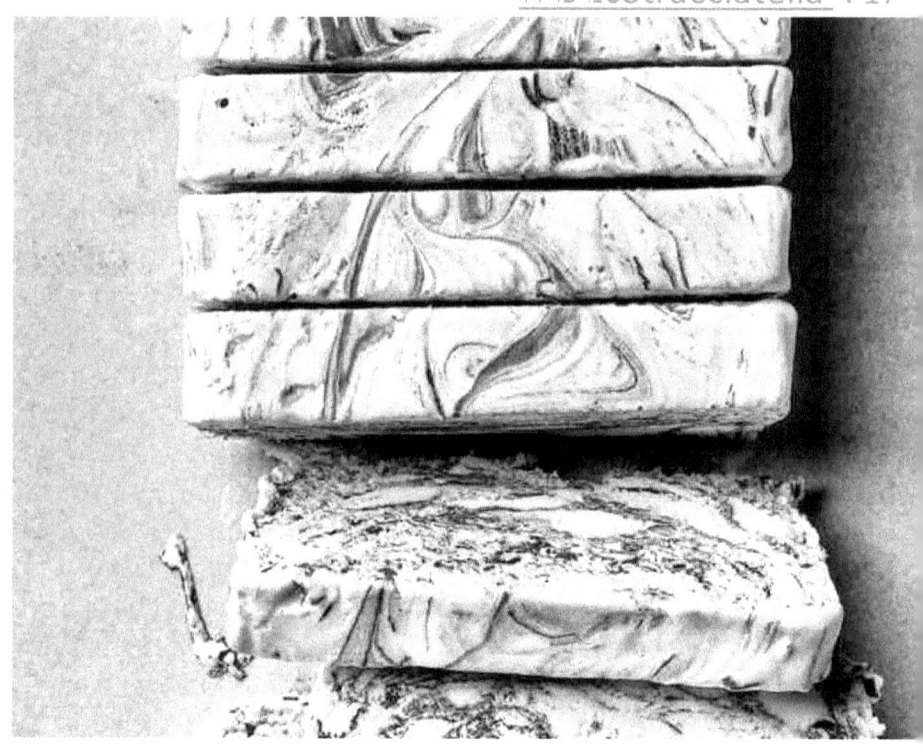

רכיבים:

- 4 ביצים גדולות
- ¾ כוס סוכר מגורען
- 2 כוסות שמנת בכדה
- 1 כפית תמצית וניל
- 4 אונקיות שוקולד חצי מתוק, קצוץ
- ¼ כוס חלב

הוראות:

a) מפרידים את החלמונים מהחלבונים. מניחים את החלמונים בקערת ערבוב. הגדלו מניחים את החלבונים בצד לשימוש מאוחר יותר.

b) מוסיפים את הסוכר המגורען לחלמונים ומקציפים עד שהתערובת הופכת חיוורת והוהבה והצוואר חיוורות.

c) בקערת ערבוב נפרדת, מקציפים את השמנת בכבדה ותמצית וניל עד שנוצרות פסגות רכות.

d) מקפלים בעדינות את המידע לתוך החלמונים תערובת להכליל עד החלמונים על תערובת אחיד.

e) מניחים את השוקולד חצי-מתוק קצוץ בקערה הרסין חום.

f) ריסק קטן ומחממים את החלב על אש נמוכה עד שהוא מתחיל להשתבל. לאחר מכן, יוצקים את החלב על השוקולד ומערבבים עד שהשוקולד נמס והתערובת הקלה.

g) הניחה ולתערובת השוקולד להתקרר מספר דקות, ולאחר מכן קפלו אותה לתערובת לחלמונים והקצפה לתערובת החלמונים.

h) בקערת ערבוב נקייה, הקציפו את החלבונים בעזרת מטרפה או מיקסר חשמלי עד שנוצרים קצף נוקשה.

i) מקפלים בעדינות את החלבונים הטרופים לתוך תערובת הסמפרדו עד של נשארים פסים של חלבון בציב.

j) יוצקים את התערובת לתבנית או לכלי לבחירתכם. מחליקים את החלק העליון בעזרת מרית.

k) מכסים את המחבת או המיכל בניילון נצמד, לכימה או מה החמה ואדו שהוא נוגע במשטח החיצ- פרד ומ-נלמ ויצרות גביש ישיר קרח. מניחים אותו במקפיא למשך 6 שעות לפחות או למשך הלילה עד שהוא מתייצב.

l) בשבמכ ובהגשה, מוציאים את הסמפרדו מהמקפיא לו נתונים לבשל תומנל ותו אותו הסירו לפני ההתחרכל ידי כדי לחתוך למ- וגמישים.

m) Stracciatella-המ ההנהתסממיפרד!ולרף שלש הטהועים ימרק הקרמי

רכיבים:
- 6 אונקיות שוקולד מריר (מוצק קקאו 70%), קצוץ
- ¼ כוס סוכר מגורען
- 4 ביצים גדולות, מופרדות
- 1 כף תמצית וניל
- 1 כוס שמנת כבדה
- קורט מלח
- אבקת קקאו או שבבי שוקולד, לקישוט (אל חובה)

הוראות:

a) ממיסים את השוקולד מרירה בקערה חסינת חום על מחבת עם מים רותחים. מסירים מהאש ומניחים לו להתקרר עד לבערבים בתערובת הקלה הסמנה לחלוטין. מסירים מהאש ומניחים לו להתקרר מעט.

b) בקערה נרבעת, טורפים יחד את הסוכר וחלמונים עד שהתערובת הפוכה חיוורת וקרמימית.

c) יוציקים את השוקולד את בהדרגה המומסה לתערובת החלמונים תוך כדי ערבוב להימנע מדחואיל.

d) מערבבים פנים המינ את תמצית וניל עד להטמעה הטוב.

e) בקערה נפרדת מקציפים את השמנת הכבדה עד שנוצרות פסגות רכות.

f) בקערה נקייה מקציפים נוספת את החלבונים והמלח עד שנוצרות פסגות נוקשות.

g) מקפילים בעדינות את הקצפת לתוך תערובת השוקולד עד לבלתל תערובת אחידה.

h) מקפילים פנים המינ בזהירות את החלבונים הטרופים, מקפידים לא לוקרן יותר מדי את התערובת.

i) יוציקים את תערובת הסמיפרד או לתבנית לבתיחריכם. מחלקים את העליון בעזרת מרית הקלה העליון מרית.

j) מכסים את התבנית או בנילון נצמד ומכניסים במקפיא למשך 4 שעות לפחות או עד שהן יציב.

k) כשמוכן להגשה, מוציאים את הסמיפרדו מהמקפיא ומניחים לו לבשל בטמפרטורת החדר במשך כמה דקות כדי להקל את הכרך טעם.

l) חולפים את הסמיפרד לכלי הגשה אישיים או פרוסים אותו למנות.

m) מקשטים בשבבי קקאו או אבקת קקאו לשבבי שוקולד, אם רוצים.

n) והנה המהשוקולד מרירה טעמו סמיפרדו! הז וניק חונכי אופק עשיר ודקנטי המשולש לאוהבי שוקולד.

51

19 . סמיפרדו פסיפלורה עם רוטב שוקולד

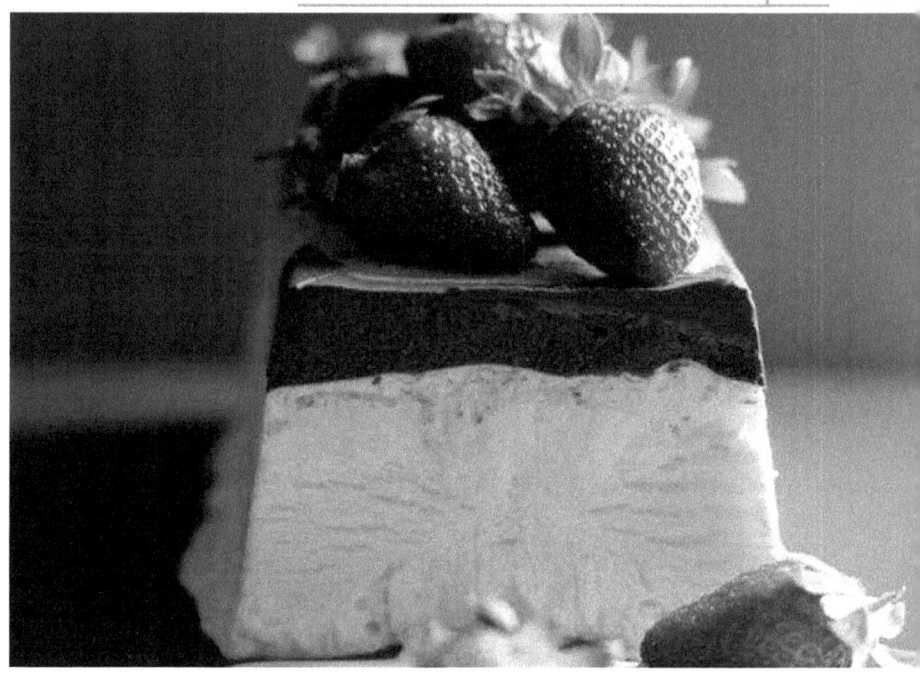

כרכיבים:

PASSIONFUIT- לסמיפרדו:
- 4 ביצים גדולות, מופרדות
- ½ כוס סוכר מגורען
- ½ כוס עסית פסיפלורה
- קליפה מגוררת מלימון 1
- 1 כפית תמצית וניל
- 1 ½ כוסות שמנת בכדה

אופק מרמר דלוקוש בטורל:
- 4 אונקיות שוקולד מרמר, קצוץ
- ½ כוס שמנת בכדה
- 1 כף חמאה אלל מלח
- 1 כף אבקת סוכר
- ½ כפית תמצית וניל

הוראות:

PASSIONFUIT- לסמיפרדו:
a) הקביע תערובת לקבלת עד רכוסהו מלחמינס את מקסר בקערת תרעת טורפיס פורוט וחוויר.

b) מוסיפיס את עסית הפסיפלורה וגרידת הלימה ולמון לתערובת המלחמינס, וערבבים בטיה.

c) כקבר הרפנד מקציפיס את השמנה עד הבכדה עד שנוצרות פסגות רכות.

d) מקפילים בעדינות את הקצפת לתוך תערובת המלחמינס עד לקבלת תערובת הדיחא.

e) בקערה אחרת מקציפיס את הלבובניס עד שנוצרים פסגות נוקשות.

f) מקפילים בזהירות את החלבוניס הטרופיס לתוך תערובת השמנת והפסיפלורה, וודאים שהתערובת לא תקנה.

g) יוצקים את תערובת הסמימרפידו ולתבנית חל ואו ליכל מעני בדמי בקמפיא.

h) מחלילקיס את הקלח העליון בעזרת מרית.

i) מכסים בנליוון ומקפיאים לצמד ומקפיאיס למשרך 6 שעות לפחות או ללילה עד להתייצבות.

אופק מרמר דלוקוש בטורל:

j) בקערה הסחין תניס חום ממיסים את השוקולד המרמה על ריס פוב או במיקרוגל, תוך ערבוב עד לקבלת תערובת הקלח.

k) בסיר קטן, מחממים את השמניס את הבכדה והחמאה על אש נמוכה עד שהיא מתחלית להתבשל.

l) מסירים מהאש ויוציקים את תערובת השמנת המחמה על השוקולד מסומה.

m) מוסיפים לתעורבות השוקלד את אבקת הסוכר ותמצית הוניל ומקציפים עד לקבלת מרקם חלק.

n) תן לרול השוקלד להתקרר לטמפרטורת החדר.

o) מעבירים את רוטב השוקלד לכלי ולכל דודר מקפיאים למשך כ-1-2 שעות, או עד שהוא יצי אר עדיין נתין לגלילה.

לשרת:

p) מוציאים את הסמפירדו מהמקפיא ונותנים לו לשבת בטמפרטורת החדר במשך כדי להתרכך עד קצות המכ.

q) פורסים את הסמפירדו ומגישים עם כדורי מרות בטורם השוקלד המרירה הקפוא.

r) תיהנו מהשילוב הטעים של צחצי פסליורה עם רוטב השוקלד המרירה העשיר והקפוא!

54

20 . דלוקוש בטור םע רעי תוריפ ודרפימס

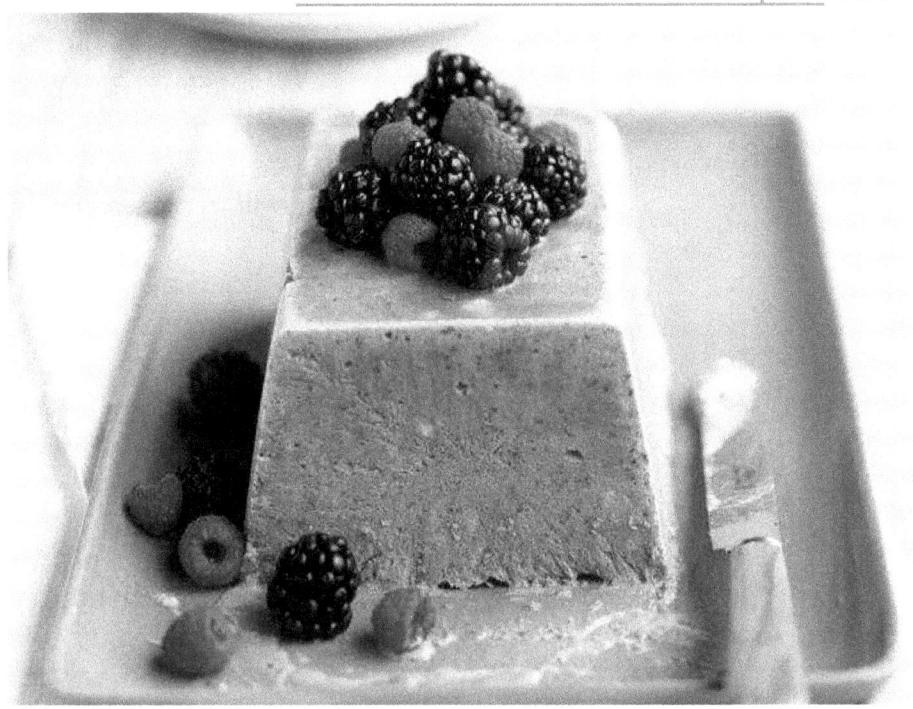

רכיבים:

ופרדימיעסבור:
- 2 כוסות פירות עיר מעורבים
- ½ כוס סוכר מגורען
- 4 ביצים גדולות, מופרדות
- 1 כף תמצית ונילי
- 1 ½ כוסות שמנת כבדה
- ¼ כוס אבקת סוכר

לרוטב השוקולד החם:
- ½ כוס שמנת כבדה
- 4 אונקיות שוקולד מריר, קצוץ
- 2 כפות חמאה אלל חלם
- 1 כף סוכר מגורען
- 1 כף תמצית ונילי

הוראות:

ופרדימיעסבור:
a) בקערה, מועכים את פירות עיר המעורבים עם מזלג עד שהם משחררים את
.הַפְּרִישׁיה משלהם. מצימים שלהה.

b) בקערת מיקסר את החלמונים, הסוכר ותמצית הונילי עד לקבלת
.תערובת הביכה וחוויתר

c) בקערה נפרדת, מקציפים את השמנת הכבדה ואבקת הסוכר עד שנוצרות
.גומות רכות

d) מקפלים בעדינות את הקצפת לתוך תערובת החלמונים עד לקבלת תערובת
.אחידה

e) .מקפלים פנימה את המינה הריפה, ומשאירים מכ המה תוכיתח גדולות ורתי למקרסק

f) בקערה אחרת מקציפים את החלבונים עד שנוצרים פסגות נוקשות.

g) מקפלים בזהירות את החלבונים הטרופים לתוך תערובת השמנת ופירות העיר

h) יצוקים את התערובת לסימפרדו ותבנית לחל סחן או לכל עמיד במקפיא.

i) מחליקים את החלקה העליון בעזרת מרית מכסים בניילון נצמד.

j) מקפיאים לפחות 6 שעות או וא ליל עד להתייצבות.

לרוטב השוקולד החם:

k) בסיר קט,ן מחממים את החמימים על השמנת בכהדה אש שיהא עד ביניות דע שהיא מתחיל
להתבשל.
l) מסירים מהאש ומוסיפים את השוקולד המרירה הקצוץ, החמאה, הסוכר
המרוגן ותמצית הווניל.
m) מערבבים בצריפות עד שהשוקולד והחמאה נמסים לחלוטין והתערובת חלקה.
n) שומרים את רוב השוקולד חמה בצד.

שלרת:
o) מוציאים את הסמפידרו מהמקפיא ונותנים לו לבשל בטמפרטורה חדרה במשך
כמה דקות כדי להתרכך מעט.
p) פורסים את הסמפידרו ומזלפים רוט בטוב שוקולד חם.
q) מגישים מיד וננהנים!

57

21 . קלאסי שוקולד סמיפרדו

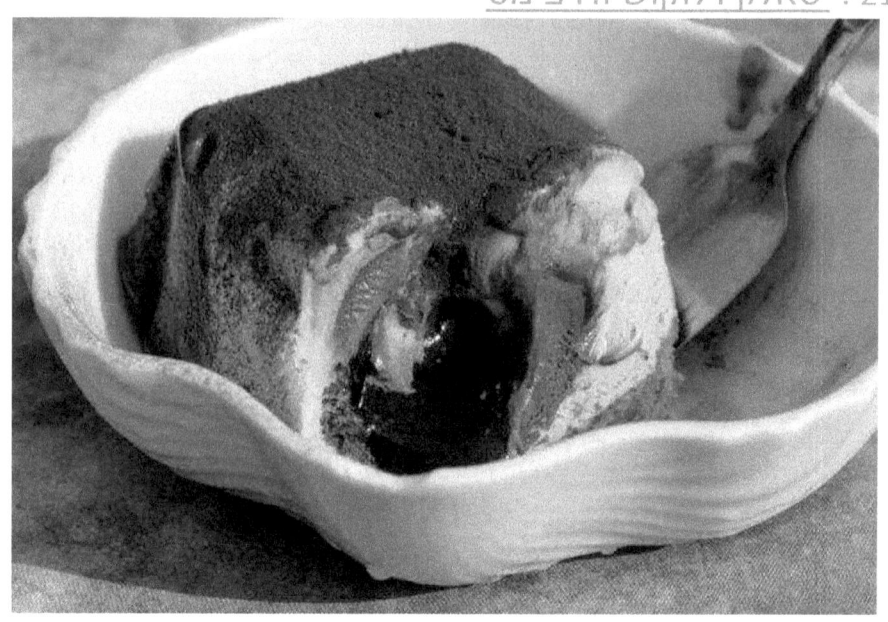

מיביכר:

דק קצוץ ,מריר שוקולד אונקיות 6
מופרדות ,גדולות ביצים 4
מגורען סוכר כוס 1/4
כבדה שמנת כוס 1
וניל תמצית כפית 1

הוראות:

מהאש מסירים .רותחים מים על חום חסינת בקערה המריר השוקולד את ממיסים
מעט להתקרר לו ונותנים.
בהיר קרם לקבלת עד והסוכר החלמונים את מקציפים מיקסר בקערת.
רכות פסגות שנוצרות עד הווניל ותמצית השמנת את מקציפים נפרדת בקערה.
החלמונים תערובת לתוך המומס השוקולד את בעדינות מקפלים.
אחידה תערובת לקבלת עד הקצפת את פנימה מקפלים.
נוקשות פסגות שנוצרים עד החלבונים את מקציפים נוספת נקייה בקערה.
נשארים שלא עד השוקולד תערובת לתוך הטרופים החלבונים את בעדינות מקפלים
פסים.
או לפחות שעות 4-ל ומקפיאים אישיים רמקינים או לחם לתבנית התערובת את יוצקים
ללילה.
לפני דקות כמה החדר בטמפרטורת לשבת לו ונותנים מהמקפיא מוציאים ,להגשה
חורצים או שפורסים.

22 . הלטונ דלוקוש ודרפימס

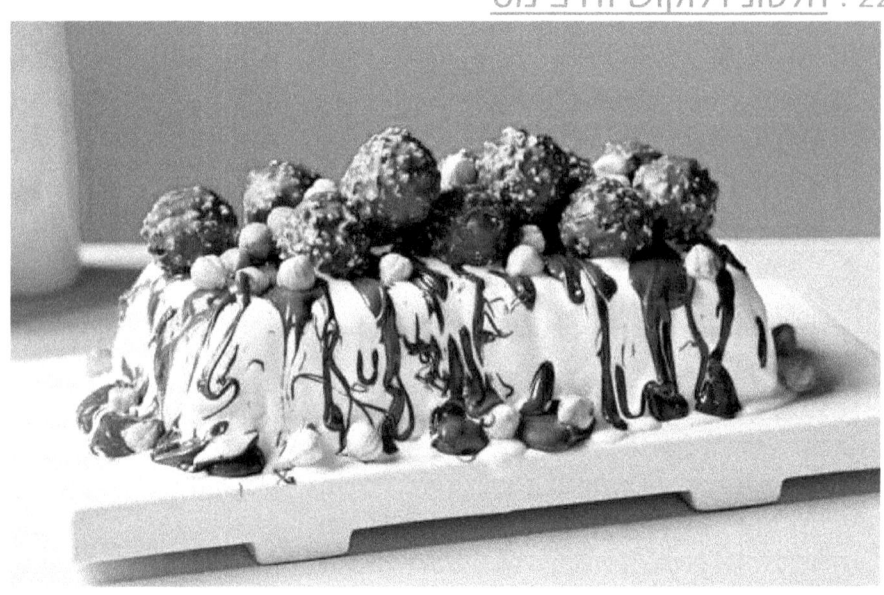

מיביכר:

1 כוס נוטלה
1 כוס שמנת כבדה
1/2 כוס חלב מלא
3 ביצים גדולות
1/4 כוס סוכר מגורען
1 כפית תמצית וניל

הוראות:

בקערת ערבוב, נוטלה יחד טורפים, שמנת כבדה וחלב מלא עד לקבלת תערובת אחידה.
בקערה נפרדת מקציפים את הביצים, הסוכר ותמצית הוויניל עד לקבלת קרם.
יוצקים את תערובת הנוטלה לתערובת הביצים תוך כדי טריפה מתמשכת.
מעבירים את התערובת לסיר ומבשלים על אש נמוכה תוך כדי ערבוב מתמיד, עד שהיא מסמיכה מעט (כ-5 דקות).
מסירים מהאש ונותנים לו להתקרר לחלוטין.
יוצקים את התערובת לתבנית לחם או רמקינים אישיים ומקפיאים ל-4 שעות לפחות או ללילה.
מגישים על ידי חיתוך או גריפה של הסמיפרדו.

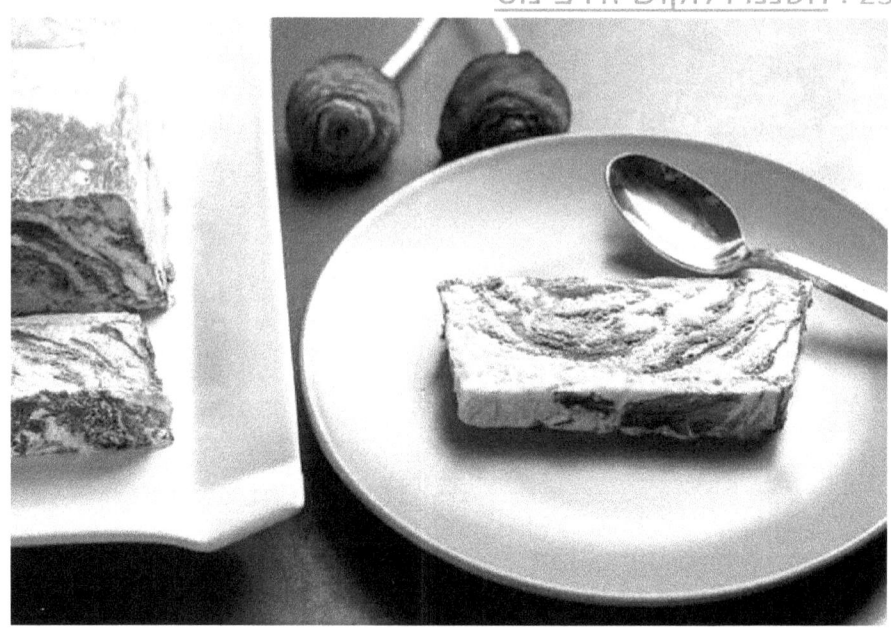

רכיבים:

6 אונקיות שוקולד מריר, קצוץ דק
4 ביצים גדולות, מופרדות
1/4 כוס סוכר מגורען
1 כוס שמנת כבדה
1 כפית תמצית מנטה
צבע מאכל ירוק (לא חובה)
קצפת ושבבי שוקולד לקישוט

הוראות:

ממיסים את השוקולד המריר בקערה חסינת חום על מים רותחים. מסירים מהאש ונותנים לו להתקרר מעט.

בקערת מיקסר מקציפים את החלמונים והסוכר עד לקבלת קרם בהיר.

בקערה נפרדת מקציפים את השמנת, תמצית הנענע וצבע המאכל הירוק (אם משתמשים) עד שנוצרות פסגות רכות.

מקפלים בעדינות את השוקולד המומס לתוך תערובת החלמונים.

מקפלים פנימה את הקצפת עד לקבלת תערובת אחידה.

בקערה נקייה נוספת מקציפים את החלבונים עד שנוצרים פסגות נוקשות.

מקפלים בעדינות את החלבונים הטרופים לתוך תערובת השוקולד עד שלא נשארים פסים.

יוצקים את התערובת לתבנית לחם או רמקינים אישיים ומקפיאים ל-4 שעות לפחות או ללילה.

מגישים בעיטור קצפת ושבבי שוקולד.

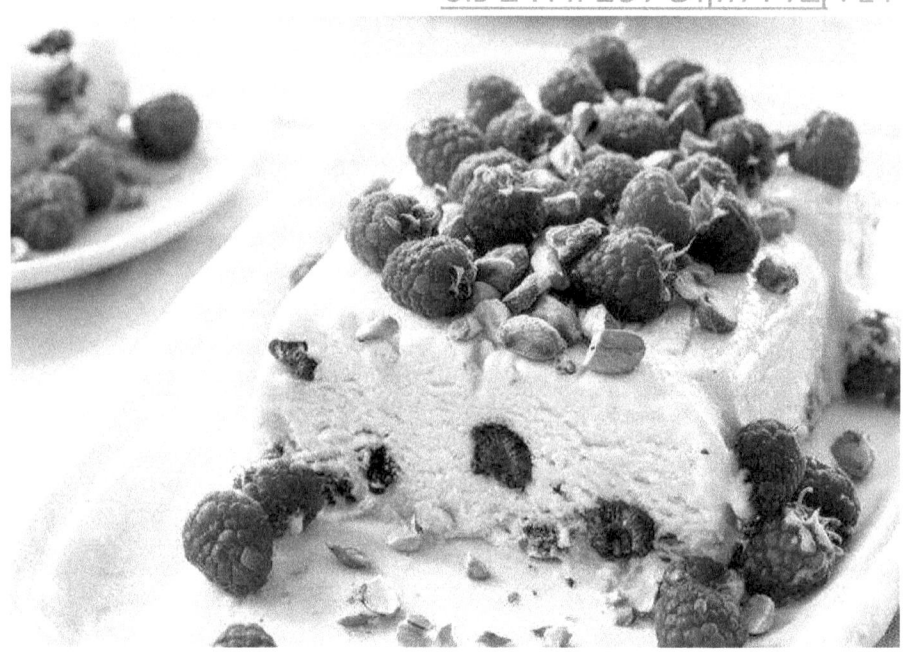

מכיבים:

6 אונקיות שוקולד לבן, קצוץ דק
4 ביצים גדולות, מופרדות
1/4 כוס סוכר מגורען
1 כוס שמנת כבדה
1 כפית תמצית וניל
1 כוס פטל טרי

הוראות:

מסירים מהאש ונותנים. רותחים מים על חום הסינת בקערה הלבן השוקולד את ממיסים
לו להתקרר מעט.
בקערת מיקסר החלמונים את מקציפים והסוכר עד לקבלת קרם בהיר.
בקערה נפרדת מקציפים את השמנת ותמצית הווניל עד שנוצרות פסגות רכות.
מקפלים בעדינות את השוקולד הלבן המומס לתוך תערובת החלמונים.
מקפלים פנימה את הקצפת עד לקבלת תערובת אחידה.
בקערה נקייה נוספת מקציפים את החלבונים עד שנוצרות פסגות נוקשות.
מקפלים בעדינות את החלבונים הטרופים לתוך תערובת השוקולד הלבן עד שלא
נשארים פסים.
מקפלים פנימה בעדינות את הפטל הטרי.
מחלקים את התערובת לתבנית לחם או לכלים אישיים ומקפיאים ל-4 שעות לפחות או
ללילה.
מגישים על ידי חיתוך או גריפת הסמיפרדו, בפטל מעוטר נוסף אם רוצים.

65

25 . תפוז מריר שוקולד סמיפרדו

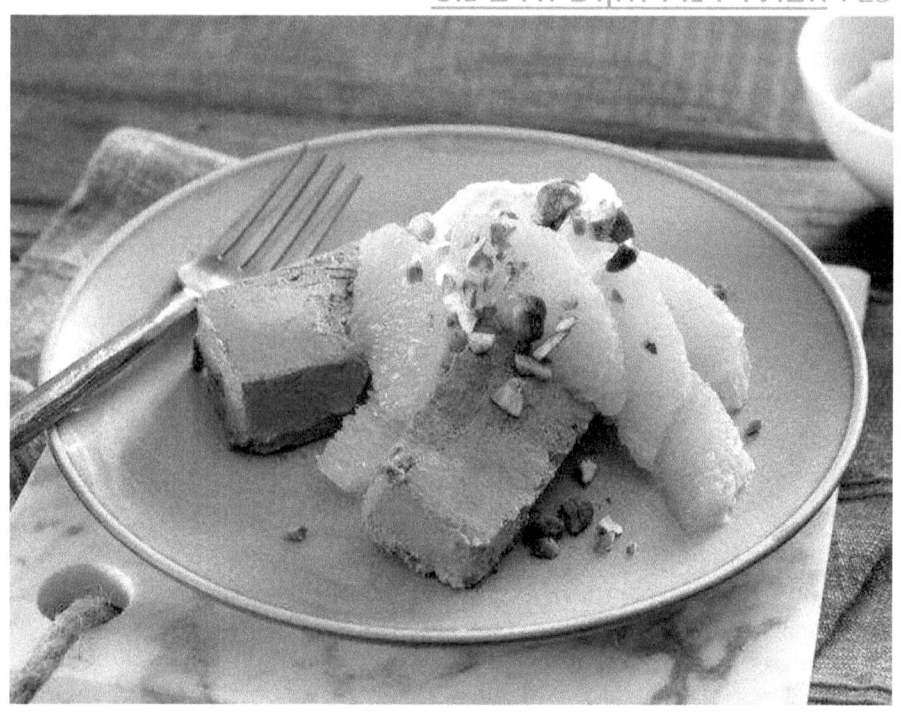

מיביכר:

דק קצוץ ,מריר שוקולד אונקיות 6
תפוז 1 של גרידה
מופרדות ,גדולות ביצים 4
מגורען סוכר כוס 1/4
כבדה שמנת כוס 1
וניל תמצית כפית 1

הוראות:

מהאש מסירים .רותחים מים על חום חסינת בקערה המריר השוקולד את ממיסים
מעט להתקרר לו ונותנים.
המומס השוקולד לתוך התפוז גרידת את מערבבים.
בהיר קרם לקבלת עד והסוכר החלמונים את מקציפים מיקסר בקערת.
רכות פסגות שנוצרות עד הווניל ותמצית השמנת את מקציפים נפרדת בקערה.
החלמונים תערובת לתוך התפוז גרידת עם המומס השוקולד את בעדינות מקפלים.
אחידה תערובת לקבלת עד הקצפת את פנימה מקפלים.
נוקשות פסגות שנוצרים עד החלבונים את מקציפים נוספת נקייה בקערה.
נשארים שלא עד השוקולד תערובת לתוך הטרופים החלבונים את בעדינות מקפלים
פסים.
או לפחות שעות 4-ל ומקפיאים אישיים רמקינים או לחם לתבנית התערובת את יוצקים
ללילה.
הסמיפרדו של גריפה או חיתוך ידי על מגישים.

26 . ישרה לש ודרפימס

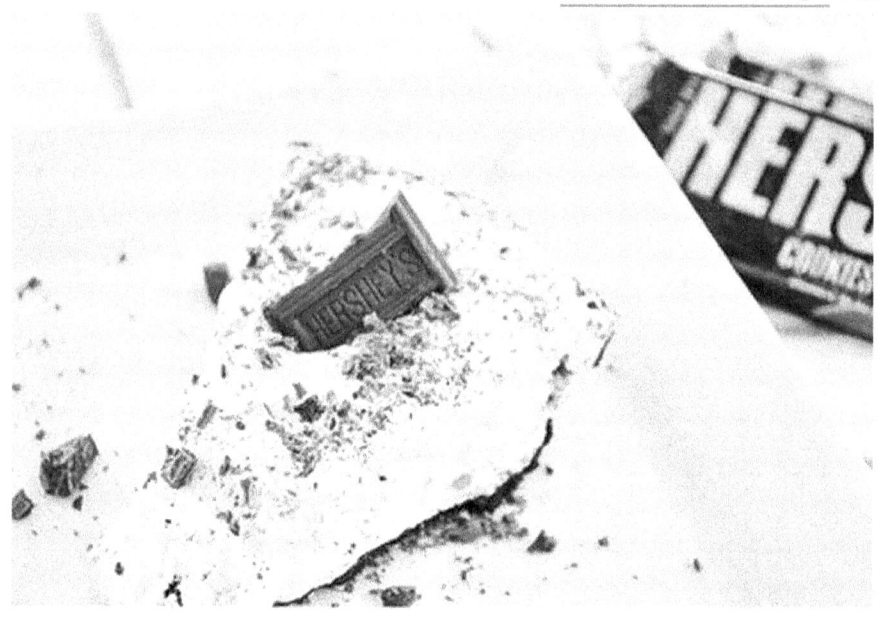

מיביכר:

6 דק קצוץ ,הרשי שוקולד אונקיות
4 מופרדות ,גדולות ביצים
1/4 מגורען סוכר כוס
1 כבדה שמנת כוס
1 וניל תמצית כפית

הוראות:

ונותנים מהאש מסירים .רותחים מים על חום חסינת בקערה הרשי שוקולד את ממיסים
מעט להתקרר לו.
בהיר קרם לקבלת עד והסוכר החלמונים את מקציפים מיקסר בקערת.
רכות פסגות שנוצרות עד הווניל ותמצית השמנת את מקציפים נפרדת בקערה.
החלמונים תערובת לתוך המומס השוקולד את בעדינות מקפלים.
אחידה תערובת לקבלת עד הקצפת את פנימה מקפלים.
נוקשות פסגות שנוצרים עד החלבונים את מקציפים נוספת נקייה בקערה.
נשארים שלא עד השוקולד תערובת לתוך הטרופים החלבונים את בעדינות מקפלים
פסים.
או לפחות שעות 4-ל ומקפיאים אישיים רמקינים או לחם לתבנית התערובת את יוצקים
ללילה.
הסמיפרדו של גריפה או חיתוך ידי על מגישים.

27 . ודרפימס ירבדק

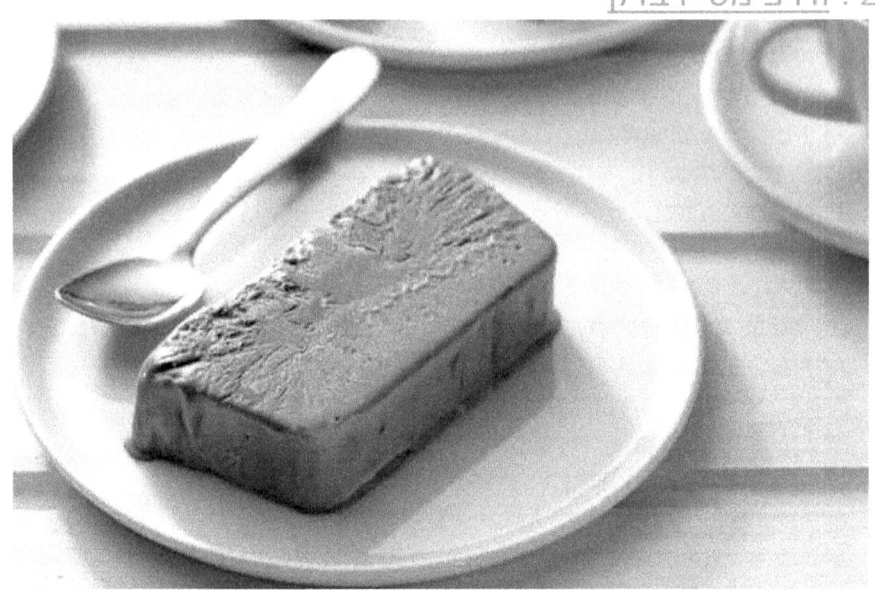

מיביכר:

דק קצוץ ,קדבורי שוקולד אונקיות 6
מופרדות ,גדולות ביצים 4
מגורען סוכר כוס 1/4
כבדה שמנת כוס 1
וניל תמצית כפית 1

הוראות:

מהאש מסירים .רותחים מים על חום חסינת בקערה Cadbury שוקולד את ממיסים
מעט להתקרר לו ונותנים.
בהיר קרם לקבלת עד והסוכר החלמונים את מקציפים מיקסר בקערת.
רכות פסגות שנוצרות עד הווניל ותמצית השמנת את מקציפים נפרדת בקערה.
החלמונים תערובת לתוך המומס השוקולד את בעדינות מקפלים.
אחידה תערובת לקבלת עד הקצפת את פנימה מקפלים.
נוקשות פסגות שנוצרים עד החלבונים את מקציפים נוספת נקייה בקערה.
נשארים שלא עד השוקולד תערובת לתוך הטרופים החלבונים את בעדינות מקפלים
פסים.
או לפחות שעות 4-ל ומקפיאים אישיים רמקינים או לחם לתבנית התערובת את יוצקים
ללילה.
הסמיפרדו של גריפה או חיתוך ידי על מגישים.

28 . טובלרון סמיפרדו

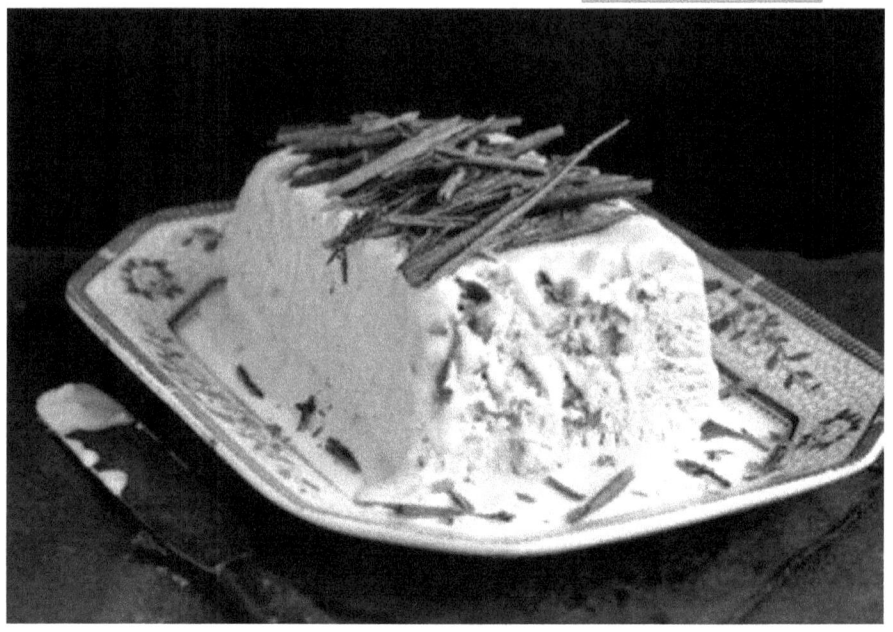

מיביכר:

דק קצוץ ,טובלרון שוקולד אונקיות 6
מופרדות ,גדולות ביצים 4
מגורען סוכר כוס 1/4
כבדה שמנת כוס 1
וניל תמצית כפית 1

הוראות:

מהאש מסירים .רותחים מים על חום חסינת בקערה הטובלרון שוקולד את ממיסים
מעט להתקרר לו ונותנים.
בהיר קרם לקבלת עד והסוכר החלמונים את מקציפים מיקסר בקערת.
רכות פסגות שנוצרות עד הווניל ותמצית השמנת את מקציפים נפרדת בקערה.
החלמונים תערובת לתוך המומס השוקולד את בעדינות מקפלים.
אחידה תערובת לקבלת עד הקצפת את פנימה מקפלים.
נוקשות פסגות שנוצרים עד החלבונים את מקציפים נוספת נקייה בקערה.
נשארים שלא עד השוקולד תערובת לתוך הטרופים החלבונים את בעדינות מקפלים
פסים.
או לפחות שעות 4-ל ומקפיאים אישיים רמקינים או לחם לתבנית התערובת את יוצקים
ללילה.
הסמיפרדו של גריפה או חיתוך ידי על מגישים.

29 . סמיפרדו רושה פררו

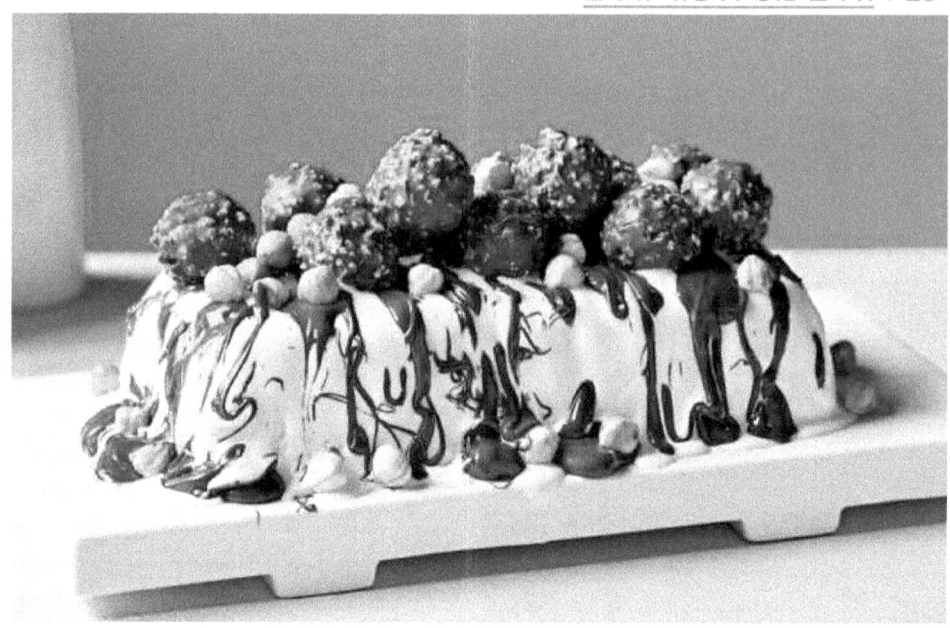

כריביס:

6 אונקיות שוקולדים של פררו ,רושה קצוצים דק
4 ביצים גדולות, מופרדות
1/4 כוס סוכר מגורען
1 כוס שמנת כבדה
1 כפית תמצית וניל
הוראות:

רושה פררו שוקולד את דק קוצצים או מועכים.
בהיר קרם לקבלת עד והסוכר החלמונים את מקציפים מיקסר בקערת.
רכות פסגות שנוצרות עד הווניל ותמצית השמנת את מקציפים נפרדת בקערה.
החלמונים תערובת לתוך הכתוש רושה פררו שוקולד את בעדינות מקפלים.
אחידה תערובת לקבלת עד הקצפת את פנימה מקפלים.
נוקשות פסגות שנוצרים עד החלבונים את מקציפים נוספת נקייה בקערה.
נשארים שלא עד השוקולד תערובת לתוך הטרופים החלבונים את בעדינות מקפלים
פסים.
או לפחות שעות 4-ל ומקפיאים אישיים רמקינים או לחם לתבנית התערובת את יוצקים
ללילה.
הסמיפרדו של גריפה או חיתוך ידי על מגישים.

75

30 . ודרפימס הביידוג

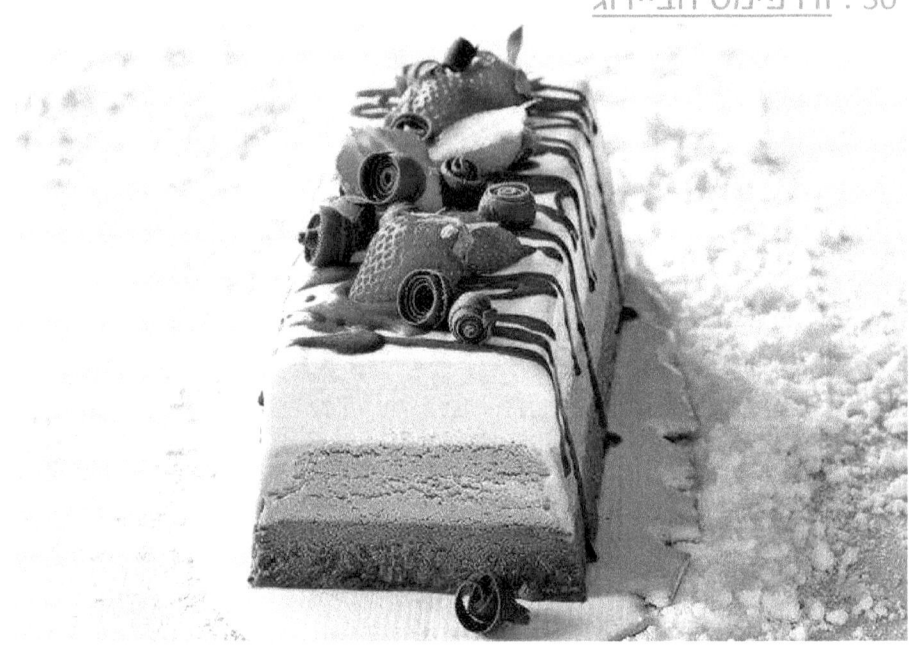

רכיבים:

- 6 אונקיות שוקולד גודייבה, קצוץ דק
- 4 ביצים גדולות, מופרדות
- 1/4 כוס סוכר מגורען
- 1 כוס שמנת כבדה
- 1 כף תמצית וניל

הוראות:

וניתנים מהאש מסירים. רותחים מים על חום חסינת בקערה גודייבה שוקולד את ממיסים מעט להתקרר לו.

בהיר קרם לקבלת עד והסוכר החלמונים את מקציפים מיקסר בקערת.

רכות פסגות שנוצרות עד והוניל ותמצית השמנת את מקציפים נפרדת בקערה.

החלמונים תערובת לתוך המומס השוקולד את בעדינות מקפלים.

אחידה תערובת לקבלת עד הקצפת את פנימה מקפלים.

נוקשות פסגות שנוצרות עד החלבונים את מקציפים נוספת נקייה בקערה.

נשארים שלא עד השוקולד תערובת לתוך הטרופים החלבונים את בעדינות מקפלים פסים.

או לפחות שעות 4-ל ומקפיאים אישיים רמקינים או לחם לתבנית התערובת את יוצקים ללילה.

הסמיפרדו של גריפה או חיתוך ידי על מגישים.

סמיפרדוינוחרף

31 . אופק שבד ודרפימס

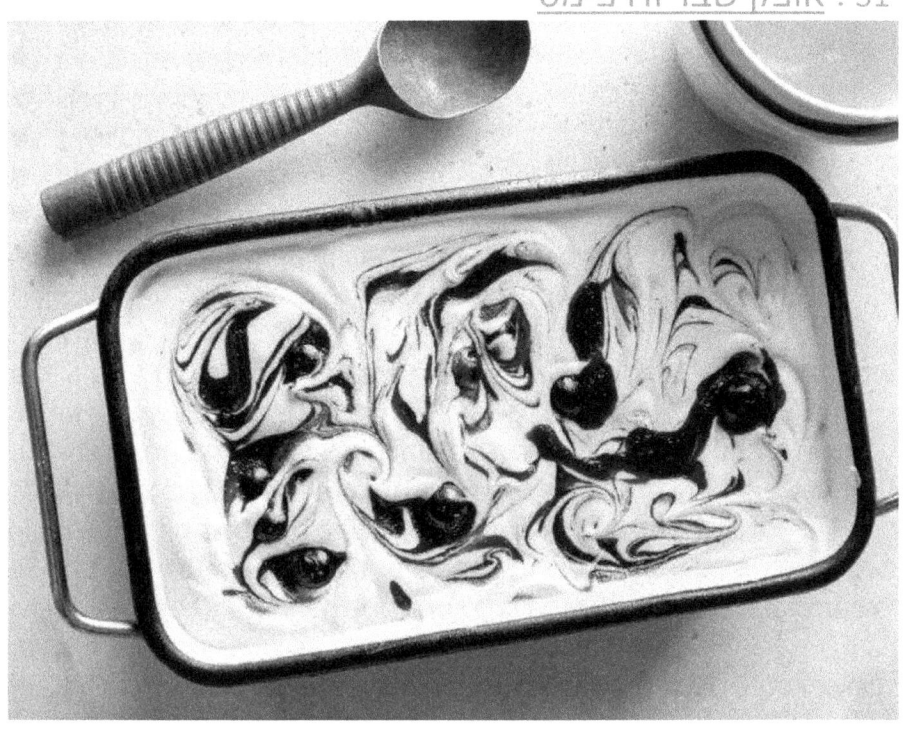

רכיבים:

- 8 אונקיות שמנת בכבדה
- 1 כפית תמצית וניל
- ¼ כפית מי ורדים
- 4 ביצים גדולות
- 4 ½ אונקיות דבש
- ¼ כפית בתוספת ⅛ כפית חלב כשר
- תוספות כגון פירות חתוכים, אגוזים קלויים, קוביות קאנו או שוקולד מגולח

הוראות:

a) 5 על 9 לגודל כיכר תבנית מרפדים בנייר אפייה. צלזיוס מעלות 350-ל תנור מחממים מראש
בניילון נצמד או בנייר אפייה.

b) -ה ומפרידים את הביצים מקציפים, מצרף עם סטנד לברעם של הבקרה,
השקוע לקצף ודרוש ימי וניל, תנמשה.

c) מעבירים לקערה או תחלב נפרדת, מכסים ומצננים עד לשימוש.

d) בברעל ידכ. חלמהו שבדה, הביצים את יחד ופירו מיקסר, של הבקרה
החיתר על לשמור ידכ מוחח את ונון. דחי לכה בברעל ידכ השימג תירמב שמתשה
בסימ תעגונ אל ההרעקהש אדוו, וכונמ סימה טבמא לעמ תיטיא.

e) עד, השימג תירמ עם עובק ופואו ומגדרים מיבברעמ, מילשבמ, הטסורינ ןגאב
תוקד 10-כ, סויזלצ תולעמ 165-ל תוממחתהל

f) 165-ל העיגמ איהש עגרב הפרטמל רוביח עם רסקימל תבורעתה את וריבעה
תופצק ןהש עד הובג סוחב הביציה את מקציפים. סויזלצ תולעמ

g) ראש את מיפיסומ .ديב הנכומה תפצקהמ תיצחמ המניפ תונידעב םיפירוט
השימג תירמ תרזעב המניפ פנים ופלקמ ןכמ רחאלו, תוריהמב מקציפים , ביביכרמה
הדיחא תבורעת תלבקל עד.

h) םיקיצויש עד וא תועש 8 ךשמל רשמל םיאיפקמו בטיה םיסכמ, הנכומ תינבתל םידרגמ
.סויזלצ תולעמ 0-ל העיגמ תימינפה הרוטרפמטהש עד וא ,סורפל ידכ קיפסמ

i) .השגהל תררוקמ תחלצ לע ודרפימסה את םיכפוה

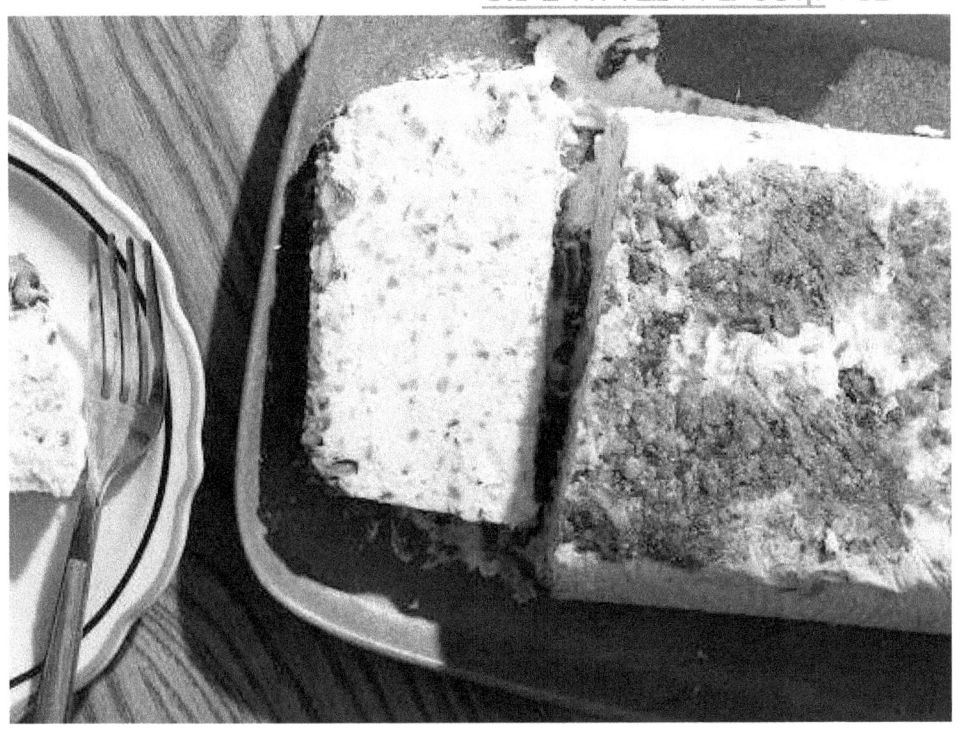

רכיבים:

● 1 כוס פיסטוקים קלופים

● ½ כוס סוכר מגורען

● 1 כף לבנדר קולינרי מיובש

● 2 כוסות שמנת בכבדה

● 1 כפית תמצית וניל

● 4 חלמונים גדולים

● ¼ כוס דבש

● קורט מלח

82

הוראות:

a) מניחים את הפיסטוקים, הסוכר והדבלנדר במיוב שבעמבד מוזן. פודקים עד קד שהפיסטוקים טחונים.

b) בסיר, מחממים את השמנת על אש בינוני עד שהתחיל להתרתח. מסירים מהאש ומערבבים פנימה את תערובת הפיסטוקו וטחנו. להתבשל הזל כ-30 דקות. הזל להתבשל תוקד.

c) לאחר שיצים על, מוסיפים את התערובת דרך מסננת הקיק, הזלהפפ. מחקים את המוצקים ומניחים את השמנת כדי לחלץ כמה שיותר טעם. רוזיקים את המוצקים את השמנת. המוסננת בצד.

d) בקערת ערבוב גדולה, טורפים חדי את החלמונים, שדבה והמלח עד לקבלת תערובת חדיה.

e) יוצקים בהדרגה את השמנת המוסמת לתוך תערובת החלמונים תוך כדי טריפת המתמד.

f) מעבירים את התערובת חזרה לסיר הרז ומבשלים על אש נמוכה תוך כדי ערבוב בכדר עד שהתערובת מתעבה עד שהיא מכסימה את הפצמה את בג כפה. זה ייקח בערך 5-7 דקות. לא תתנו להזל לרתוח.

g) מסירים את האש ומעבירים את התערובת לנתונים לחקרר לטולוטין.

h) לאחר התקררורר, מעבירים פנימה את תמצית הווניל.

i) מקציי את תערובת הסמפירד לתבנית או לכלי להבריתכם. מחלקים את תירמ העליון בעזרת מרית.

j) מכסים את המסים או את המחבת ומניחים בכיה לכימה בנביילו, ווודה שהוא עגול ומצנן, למשך 6 שעות במקפיא בקמפ יאיפ אותו ומניחים. מניחו עוד בשרורות גביש ישרי קרח. פרד וכדי למנעו ויתורה בעציית או למשך ריש הלילה עד שהוא מתייצב.

k) כשמוכן לההגש, מוציאים את הסמפירד ומהמקפיא ונתונים לו לשבת בטמפרטורה חדרה במשך כמה דקות כדי להתכרך פטעם. מסירים אותו ומרפרם למנות ומגישים.

l) הנהת המשליבו מענג של טעם ימעי פיסטוק ולבנדר מסבפירדו ושלר!

רכיבים:

- 4 חלמונים
- ½ כוס סוכר מגורען
- 1 כוס שמנת בדבה
- 1 כף פריחי לבנדר מיובשים
- 2 כפות דבש
- ¼ כוס שקדים קלויים, קצוצים (לקישוט)

הוראות:

a) בקערת ערבוב גדולה, טרפו יחד את החלמונים והסוכר עד לקבלת קרם בהיר.

b) בקערה נפרדת מקציפים את השמנת בדבה עד לקונסיסטנציה שנוצרות פסגות רכות.

c) בסיר מחממים את החמאות ופריחי הלבנדר יחד הביישים על אש שבדה עד שהתמנה הכומר מבשר עד שהם נחירניים.

d) מסננים את הדבה מושאר הרשומה לבנדר לתוך קערת הקצפת, וזורקים את הפרחים.

e) מוסיפים בהדרגה את תערובת הקצפת לתערובת החלמונים, מקפלים בעדינות עד לקבלת תערובת אחידה.

f) יוצקים את התערובת לתבנית חל סחם או למיכל רמיניים אישיים ומפזרים שקדים לקישוי.

g) מקפיאים לפחות 6 שעות או לילה.

h) להגשה, מוציאים מהמקפיא ונותנים לו להמתין בטמפרטורת החדר מכ דקות לפני שפורסים.

34 . פיסטוק רוז סמיפרדו

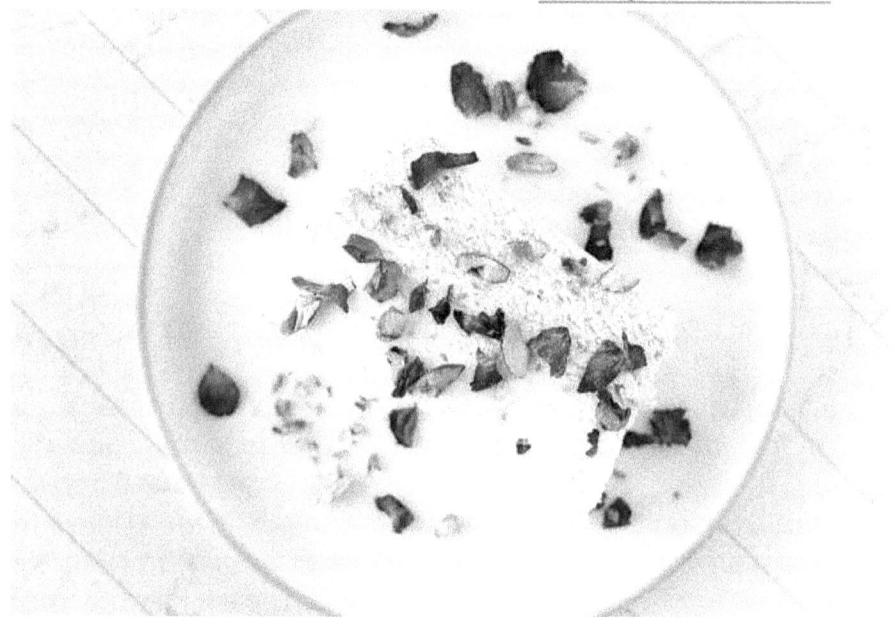

רכיבים:

● 1 כוס פיסטוקים קלופים
● ½ כוס סוכר מגורען
● 4 חלמונים
● 1 כוס שמנת בכדה
● 1 כפית מי ורדים
● ¼ כוס פיסטוקים קצוצים (לקישוט)

הוראות:

a) טוחנים את הפיסטוקים הקלופים והסוכר במעבד מזון עד לטחון דק.

b) בקערת מיקסר מקציפים את החלמונים עד שהם בהירים וסמיכים.

c) בקערה נפרדת מקציפים את השמנת בכבדה עד לשגוצורות פסגות רכות.

d) מקפלים בעדינות את תערובת הפיסטוק הטחון ומי הוורדים לתוך קצפת הקרם.

e) מוסיפים בהדרגה את תערובת החלמונים, מקפלים בעדינות עד לקבלת תערובת אחידה.

f) יוצקים את התערובת לתבנית לחם או לכל תבנית ומפזרים עליה פיסטוקים קצוצים.

g) מקפיאים לפחות 6 שעות או לילה.

h) להגשה, מוציאים אותו מהמקפיא ונותנים לו להתחמם בטמפרטורת החדר כמה דקות לפני חיתוך התבנית.

87

ודרפימס זור . 35

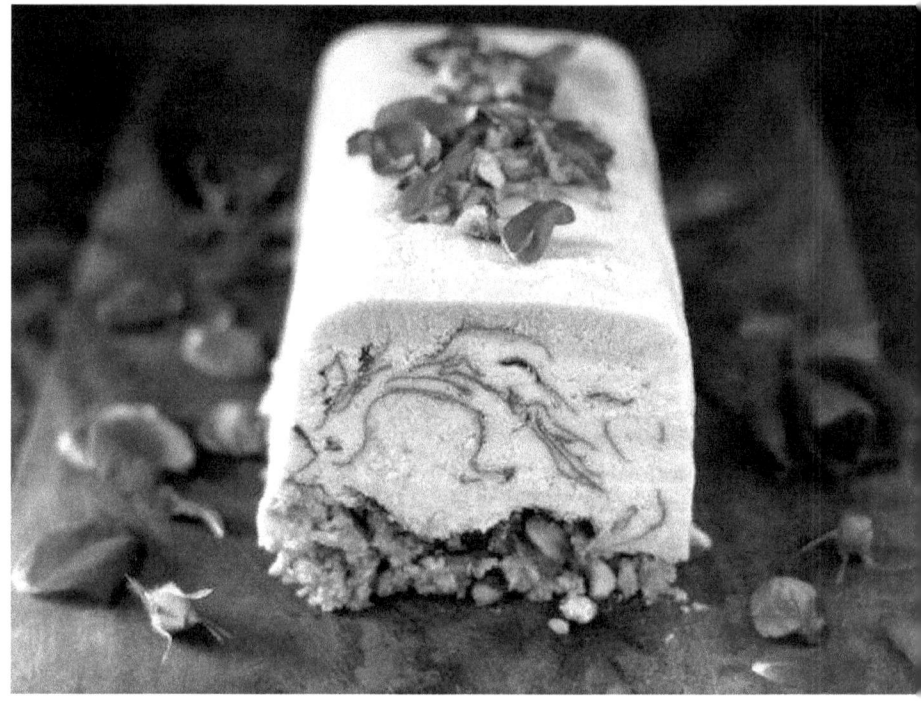

מיביכר:

מיובשים ורדים עלי כפות 2
כבדה שמנת כוס 1
מופרדות ,גדולות ביצים 4
מגורען סוכר כוס 1/4
ורדים מי כפית 1

הוראות:

מחממים .הכבדה והשמנת הוורדים של המיובשים הכותרת עלי את מערבבים ,קטן בסיר לזה ונותנים מהאש מסירים .להתבשל מתחילה רק שהיא עד נמוכה אש על התערובת את דקות 15 במשך להתבשל.

הוורדים של הכותרת עלי את וזורקים לקערה בשושנים המושרה הקרם את מסננים.

בהיר קרם לקבלת עד והסוכר החלמונים את מקציפים מיקסר בקערת.

כדי תוך החלמונים תערובת לתוך בשושנים המושרה השמנת את באיטיות יוצקים מתמשכת טריפה.

היטב ומערבבים ורדים מי מוסיפים.

נוקשה קצף לקבלת עד החלבונים את מקציפים נפרדת בקערה.

תערובת לקבלת עד הוורדים לתערובת המוקצפים החלבונים את בעדינות מקפלים אחידה.

או לפחות שעות 4-ל ומקפיאים אישיים רמקינים או לחם לתבנית התערובת את יוצקים ללילה.

הוורדים סמיפרדו של גריפה או חיתוך ידי על מגישים.

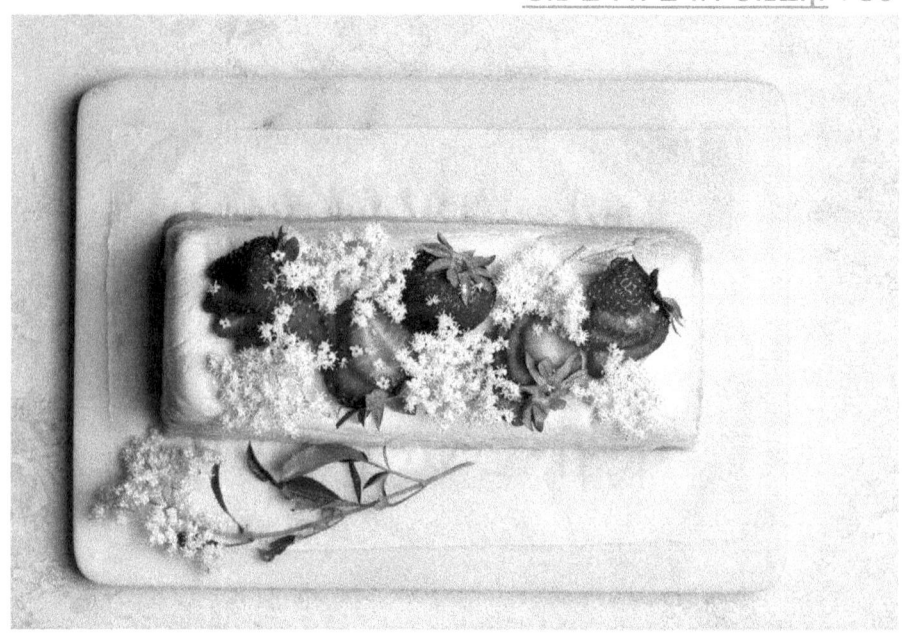

רכיבים:

1/4 כוס לבבי פרח סמבוק
1 כוס שמנת כבדה
4 ביצים גדולות, מופרדות
1/4 כוס סוכר מגורען
1 כפית תמצית וניל

הוראות:

בקערת מיקסר את מקציפים החלמונים והסוכר עד לקבלת קרם בהיר.
מתמשכת טריפה כדי תוך החלמונים לתערובת הסמבוק של הליבה את באיטיות יוצקים.
רכות פסגות שנוצרות עד הווניל ותמצית השמנת את מקציפים נפרדת בקערה.
אחידה תערובת לקבלת עד החלמונים תערובת לתוך הקצפת את בעדינות מקפלים.
נוקשות פסגות שנוצרים עד החלבונים את מקציפים נוספת נקייה בקערה.
נשארים שלא עד הסמבוק פרחי תערובת לתוך הטרופים החלבונים את בעדינות מקפלים פסים.
או לפחות שעות 4-ל ומקפיאים אישיים רמקינים או לחם לתבנית התערובת את יוצקים ללילה.
הסמבוק פרחי חצי של גריפה או חיתוך ידי על מגישים.

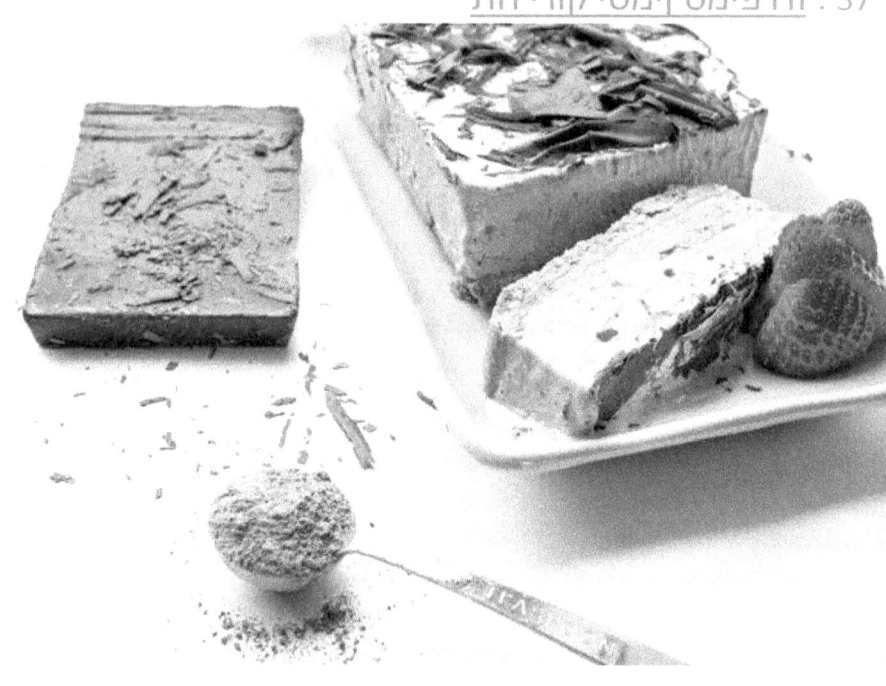

כריביס:

2 כפות עלי תה ירוק יסמין
1 כוס שמנת כבדה
4 ביצים גדולות, מופרדות
1/4 כוס סוכר מגורען
1 כפית תמצית וניל

הוראות:

מערבבים בסיר קטן את עלי התה הירוק היסמין והשמנת הכבדה. מחממים את התערובת על אש נמוכה עד שהיא מתחילה רק להתבשל. מסירים מהאש ונותנים לזה להתבשל במשך 10 דקות.

מסננים את השמנת שרויה בתה ירוק יסמין וזורקים את עלי התה לקערה.

מקציפים את החלמונים והסוכר עד לקבלת קרם בהיר. בקערת מיקסר

יוצקים באיטיות את השמנת שרויה בתה ירוק יסמין לתוך תערובת החלמונים תוך כדי טריפה מתמשכת.

מוסיפים תמצית וניל ומערבבים היטב.

בקערה נפרדת מקציפים את החלבונים עד לקבלת קצף נוקשה.

מקפלים בעדינות את החלבונים המוקצפים לתוך תערובת התה הירוק היסמין עד לקבלת תערובת אחידה.

יוצקים את התערובת לתבנית לחם או רמקינים אישיים ומקפיאים ל-4 שעות לפחות או לילה.

מגישים על ידי חיתוך או גריפת חצי התה הירוק היסמין.

38 . ויולט סמיפרדו

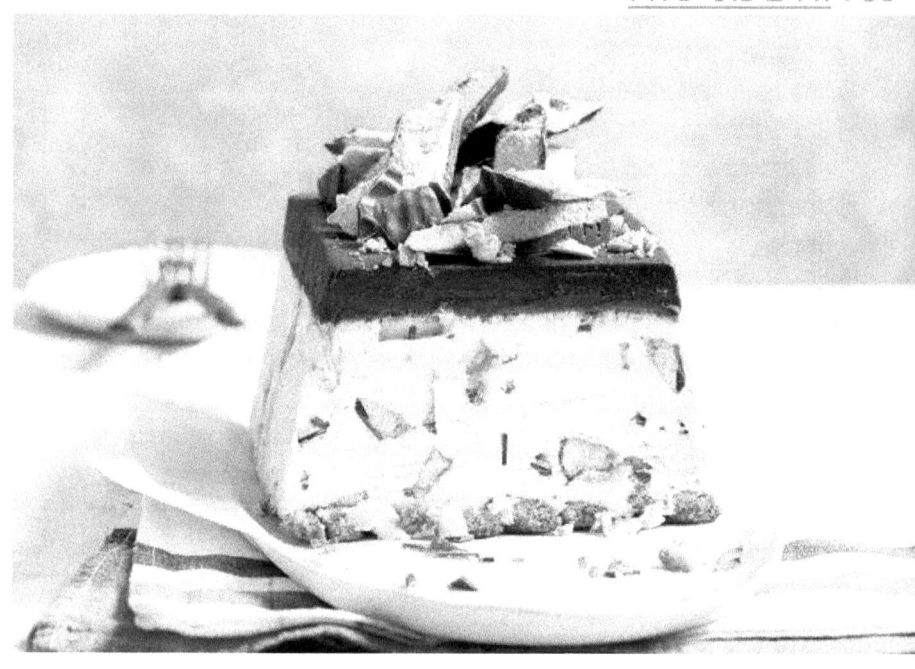

רכיבים:

2 כפות עלי כותרת סיגליות מיובשים

1 כוס שמנת כבדה

4 ביצים גדולות, מופרדות

1/4 כוס סוכר מגורען

1 כפית תמצית וניל

הוראות:

מחממים. הכבדה והשמנת היבשים הסיגליות של הכותרת עלי את מערבבים, קטן בסיר לזה ונותנים מהאש מסירים. להתבשל מתחילה רק שהיא עד נמוכה אש על התערובת את להתבשל במשך 15 דקות.

הסיגליות של הכותרת עלי את וזורקים הסיגליות קרם את לקערה מסננים.

בהיר קרם לקבלת עד והסוכר החלמונים את מקציפים מיקסר בקערת.

טריפה כדי תוך החלמונים תערובת לתוך בסיגליות שרויה השמנת את באיטיות יוצקים מתמשכת.

היטב ומערבבים וניל תמצית מוסיפים.

נוקשה קצף לקבלת עד החלבונים את מקציפים נפרדת בקערה.

תערובת לקבלת עד הסיגליות תערובת לתוך המוקצפים החלבונים את בעדינות מקפלים אחידה.

או לפחות שעות 4-ל ומקפיאים אישיים רמקינים או לחם לתבנית התערובת את יוצקים ללילה.

הסיגליות הפרדו חצי של גריפה או חיתוך ידי על מגישים.

39 . <u>ודרפימס סוקסיביה</u>

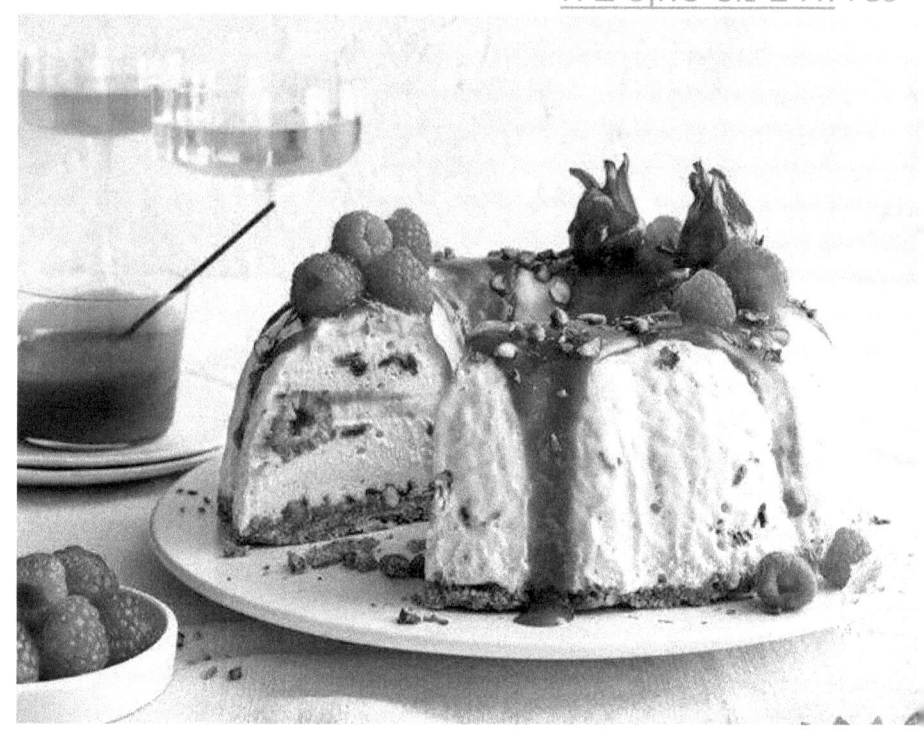

כריביס:

2 כפות פרחי היביסקוס מיובשים
1 כוס שמנת כבדה
4 ביצים גדולות, מופרדות
1/4 כוס סוכר מגורען
1 כפית תמצית וניל
הוראות:

מערבבים את פרחי ההיביסקוס היבשים והשמנת הכבדה. מחממים את
התערובת על אש נמוכה עד שהיא רק מתחילה להתבשל. מסירים מהאש ונותנים לזה
להתבשל במשך 15 דקות.
מסננים את הקרם מושבע היביסקוס לקערה וזורקים את פרחי ההיביסקוס.
במיקסר מקציפים את החלמונים והסוכר עד לקבלת קרם בהיר.
טורפים את השמנת שרויה בהיביסקוס לתוך תערובת החלמונים תוך כדי טריפה
מתמשכת.
מוסיפים תמצית וניל ומערבבים היטב.
מקציפים את החלבונים עד לקבלת קצף נוקשה בקערה נפרדת.
מקפלים בעדינות את החלבונים המוקצפים לתוך תערובת ההיביסקוס עד לקבלת
תערובת אחידה.
יוצקים את התערובת לתבנית לחם או רמקינים אישיים ומקפיאים ל-4 שעות לפחות או
לילה.
מגישים על ידי חיתוך או גריפת חצי היביסקוס.

97

קרמבירם:

2 כפות פרחי קמומיל מיובשים
1 כוס שמנת כבדה
4 ביצים גדולות, מופרדות
1/4 כוס סוכר מגורען
1 כפית תמצית וניל
2 כפות דבש

הוראות:

את התערובת מחממים. מערבבים את פרחי הקמומיל היבשים והשמנת הכבדה. בסיר קטן מערבבים את פרחי הקמומיל היבשים והשמנת הכבדה. מסירים מהאש ונותנים לזה להתבשל על אש נמוכה עד שהיא רק מתחילה להתבשל. על אש נמוכה עד שהיא רק 10 דקות במשך.

את הקרם המושרה בקמומיל לתוך קערה וזורקים את פרחי הקמומיל. מסננים את הקרם המושרה בקמומיל לתוך קערה.

בקערת מיקסר מקציפים את החלמונים והסוכר עד לקבלת קרם בהיר.

יוצקים את השמנת שרוויה בקמומיל לתוך תערובת החלמונים תוך כדי טריפה מתמשכת.

מוסיפים וניל תמצית ומערבבים היטב.

בקערה נפרדת מקציפים את החלבונים עד לקבלת קצף נוקשה.

מקפלים את בעדינות את החלבונים המוקצפים לתוך תערובת הקמומיל עד לקבלת תערובת אחידה.

מטפטפים דבש על התערובת ומקפלים אותה בעדינות פנימה.

יוצקים את התערובת לתבנית לחם או רמקינים אישיים ומקפיאים ל-4 שעות לפחות או ללילה.

מגישים על ידי חיתוך או גריפה של סמיפרדו דבש קמומיל.

רכיבים:

1 כף מי פריחת תפוז
1 כוס שמנת כבדה
4 ביצים גדולות, מופרדות
1/4 כוס סוכר מגורען
1 כפית תמצית וניל
גרידה של 1 תפוז

הוראות:

בקערת מיקסר הקציפו את החלמונים והסוכר עד לקבלת קרם בהיר.
יוצקים באיטיות את מי פריחת התפוז לתוך תערובת החלמונים תוך כדי טריפה מתמשכת.
בקערה נפרדת הקציפו את השמנת ותמצית הווניל עד שנוצרות פסגות רכות.
מקפלים בעדינות את הקצפת לתוך תערובת החלמונים עד לקבלת תערובת אחידה.
מוסיפים את גרידת התפוז ומערבבים היטב.
בקערה נקייה הקציפו נוספת את החלבונים עד שנוצרים פסגות נוקשות.
מקפלים בעדינות את החלבונים הטרופים לתוך תערובת פריחת התפוז עד שלא נשארים פסים.
יוצקים את התערובת לתבנית לחם או רמקינים אישיים ומקפיאים ל-4 שעות לפחות או ללילה.
מגישים על ידי חיתוך או גריפת חצי פריחת התפוז.

בשעסמיפרדו

42 . ןבל דלוקוש Matchaסמיפרדו

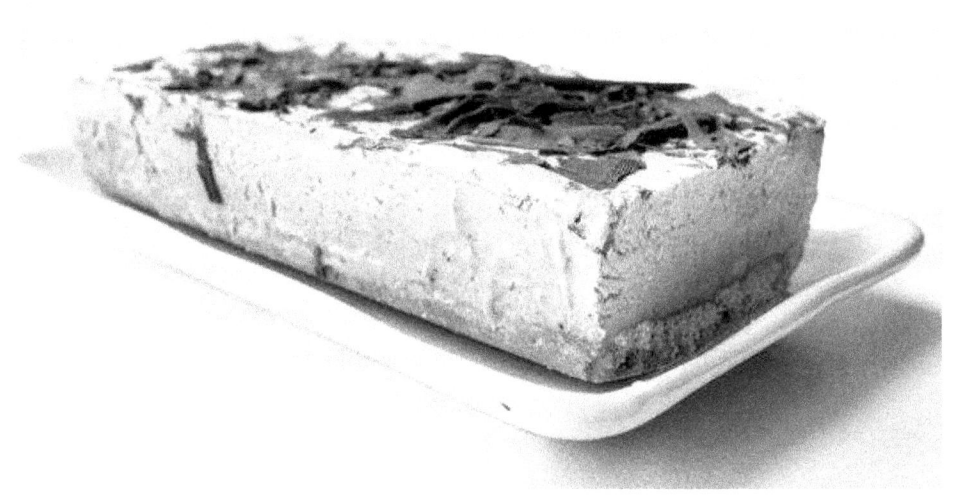

רכיבים:

● 4 חלמונים
● ½ כוס סוכר מגורען
● 1 כוס שמנת בכדה
● ¼ כוס אבקת מאצ'ה
● 4 אונקיות שוקולד לבן, מומס ומקורר

הוראות:

a) בקערת ערבה גדולה, טרפו יחד את החלמונים והסוכר עד לקבלת קרם סמיך ובהיר.

b) בקערה נפרדת מקציפים את השמנת עד הבכדה שנוצרות פסגות רכות.

c) מקפלים בעדינות את אבקת המאצ'ה והשוקולד הלבן המומס לתוך הקצפת.

d) מוסיפים בהדרגה את תערובת הקצפת לתערובת החלמונים, מקפלים בעדינות עד לקבלת תערובת אחידה.

e) יוצקים את התערובת לתבנית לחם או מקניני רמקינים אישיים ומקפיאים למשך 6 שעות לפחות או ללילה.

f) להגשה, מוציאים מהמקפיא ונותנים לו לשבת בטמפרטורת החדר כמה דקות לפני שמגישים.

104

43. סמיפרדו לימון רוזמרין

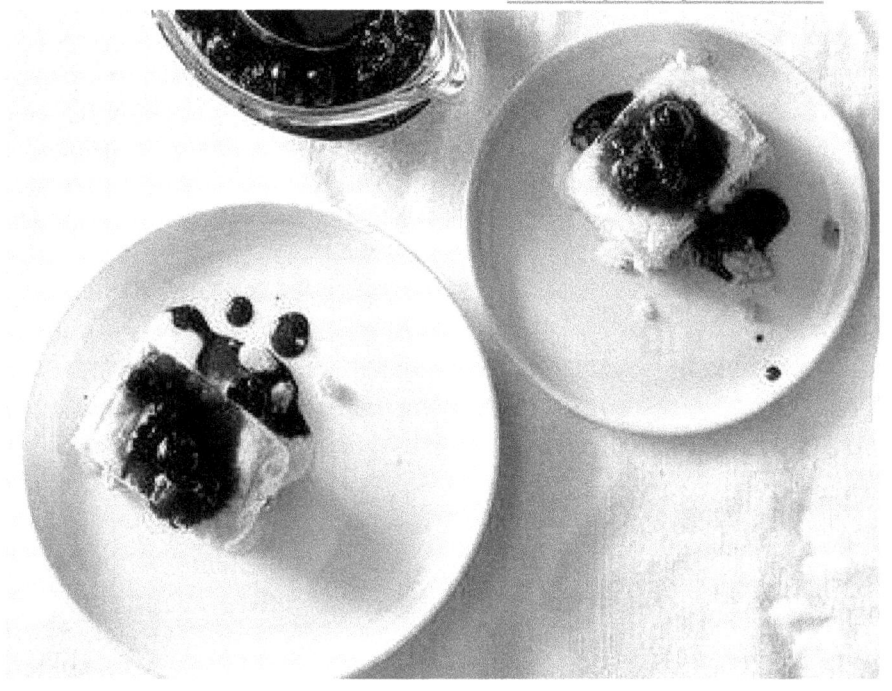

רכיבים:

- 4 חלמונים
- ½ כוס סוכר מגורען
- 1 כוס שמנת כבדה
- קליפת 2 לימונים
- 1 כף עלי רוזמרין טריים קצוצים דק

הוראות:

a) בקערת ערבוב גדולה, טורפים יחד את החלמונים והסוכר עד לקבלת קרם בהיר.

b) בקערה נפרדת מקציפים את השמנת הכבדה עד שנוצרות פסגות רכות.

c) מקפלים בעדינות את גרידת הלימון והרוזמרין הקצוץ לתוך הקצפת.

d) מוסיפים בהדרגה את תערובת הקצפת לתערובת החלמונים, מקפלים בעדינות עד לקבלת תערובת אחידה.

e) יוצקים את התערובת לתבנית לחם או רמקינים אישיים.

f) מקפיאים לפחות 6 שעות או הלילה.

g) להגשה, מוציאים מהמקפיא ונותנים לו לשבת בטמפרטורת החדר כמה דקות לפני שפורסים.

44 . ודרפימס גיס

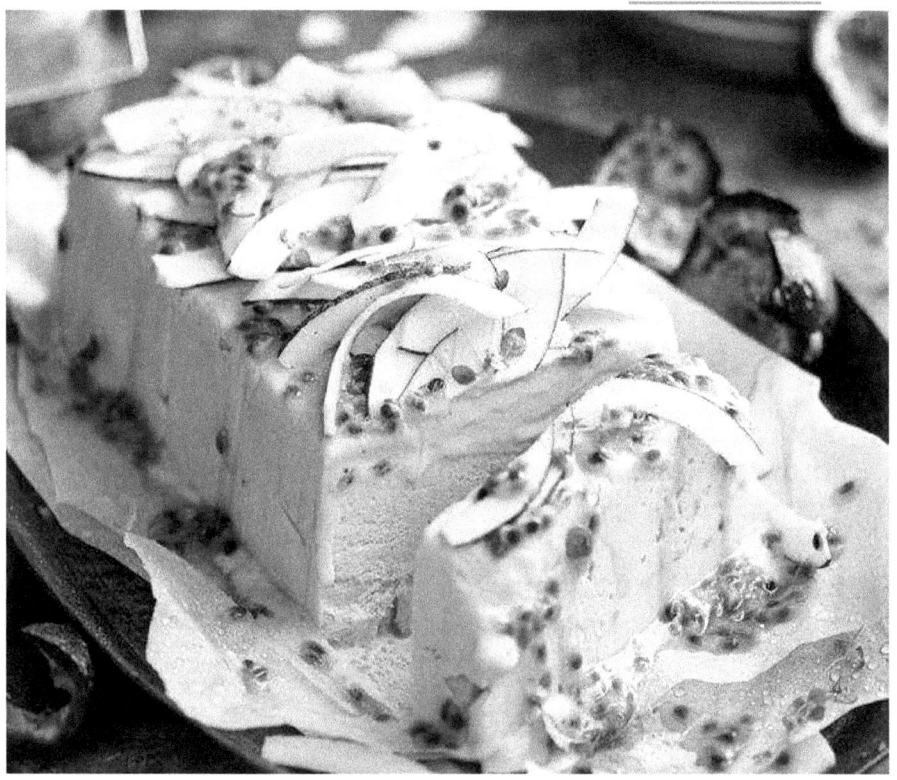

כריביס:

1 כף עלי מרווה טריים קצוצים
1 כוס שמנת כבדה
4 ביצים גדולות, מופרדות
1/4 כוס סוכר מגורען
1 כפית תמצית וניל

הוראות:

על התערובת את מחממים. הכבדה והשמנת הטריים המרווה עלי את מערבבים קטן בסיר
במשך להתבשל לזה ונותנים מהאש שש מסירים. להתבשל מתחילה רק שהיא עד נמוכה אש
15 דקות.
המרווה עלי את וזורקים לקערה במרווה המושרה הקרם את מסננים.
בהיר קרם לקבלת עד והסוכר החלמונים את מקציפים מיקסר בקערת.
טריפה כדי תוך החלמונים תערובת לתוך במרווה המושרה השמנת את באיטיות יוצקים
מתמשכת.
היטב ומערבבים וניל תמצית מוסיפים.
נוקשה קצף לקבלת עד החלבונים את מקציפים נפרדת בקערה.
תערובת לקבלת עד המרווה לתערובת המוקצפים החלבונים את בעדינות מקפלים
אחידה.
או לפחות שעות 4-ל ומקפיאים אישיים רמקינים או לחם לתבנית התערובת את יוצקים
ללילה.
המרווה סמיפרדו של גריפה או חיתוך ידי על מגישים.

כריביס:

1/4 כוס עלי נענע טריים, קצוצים
1 כוס שמנת כבדה
4 ביצים גדולות, מופרדות
1/4 כוס סוכר מגורען
1 כפית תמצית וניל

הוראות:

על התערובת את מחממים. הכבדה והשמנת הטריים הנענע עלי את מערבבים קטן בסיר במשך להתבשל לזה ונותנים מהאש מסירים. להתבשל מתחילה רק שהיא עד נמוכה אש 15 דקות.

הנענע עלי את וזורקים הנענע שרובע הקרם את לקערה מסננים.

בהיר קרם לקבלת עד והסוכר החלמונים את מקציפים מיקסר בקערת טריפה כדי תוך החלמונים תערובת לתוך נענע ספוג השמנת את באיטיות יוצקים מתמשכת.

היטב ומערבבים וניל תמצית מוסיפים.

נוקשה קצף לקבלת עד החלבונים את מקציפים נפרדת בקערה.

תערובת לקבלת עד הנענע תערובת לתוך המוקצפים החלבונים את בעדינות מקפלים אחידה.

או לפחות שעות 4-ל ומקפיאים אישיים רמקינים או לחם לתבנית התערובת את יוצקים ללילה.

הנענע הפרדו חצי גריפת או חיתוך ידי על מגישים.

110

46 . ודרפימס ןימיט

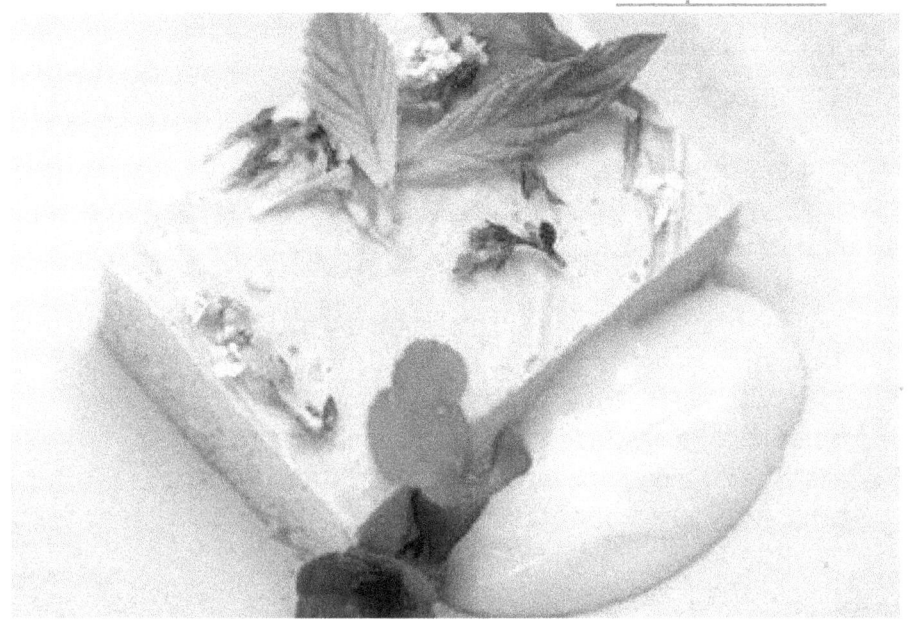

רכיביים:

1 כף עלי טימין טריים, קצוצים
1 כוס שמנת כבדה
4 ביצים גדולות, מופרדות
1/4 כוס סוכר מגורען
1 כפית תמצית וניל

הוראות:

על התערובת את מחממים .הכבדה והשמנת הטריים הטימין עלי את מערבבים קטן בסיר
במשך להתבשל לזה ונותנים מהאש מסירים .להתבשל מתחילה רק שהיא עד נמוכה אש
15 דקות.

הטימין עלי את וזורקים בתימין שרוייה השמנת את לקערה מסננים.

בהיר קרם לקבלת עד והסוכר החלמונים את מקציפים מיקסר בקערת.

טריפה כדי תוך החלמונים תערובת לתוך בתימין שרוייה השמנת את באיטיות יוצקים
מתמשכת.

היטב ומערבבים וניל תמצית מוסיפים.

נוקשה קצף לקבלת עד החלבונים את מקציפים נפרדת בקערה.

תערובת לקבלת עד התימין תערובת לתוך המוקצפים החלבונים את בעדינות מקפלים
אחידה.

או לפחות שעות 4-ל ומקפיאים אישיים רמקינים או לחם לתבנית התערובת את יוצקים
ללילה.

התימין חצי גריפת או חיתוך ידי על מגישים.

47 . ודרפימס ליזב

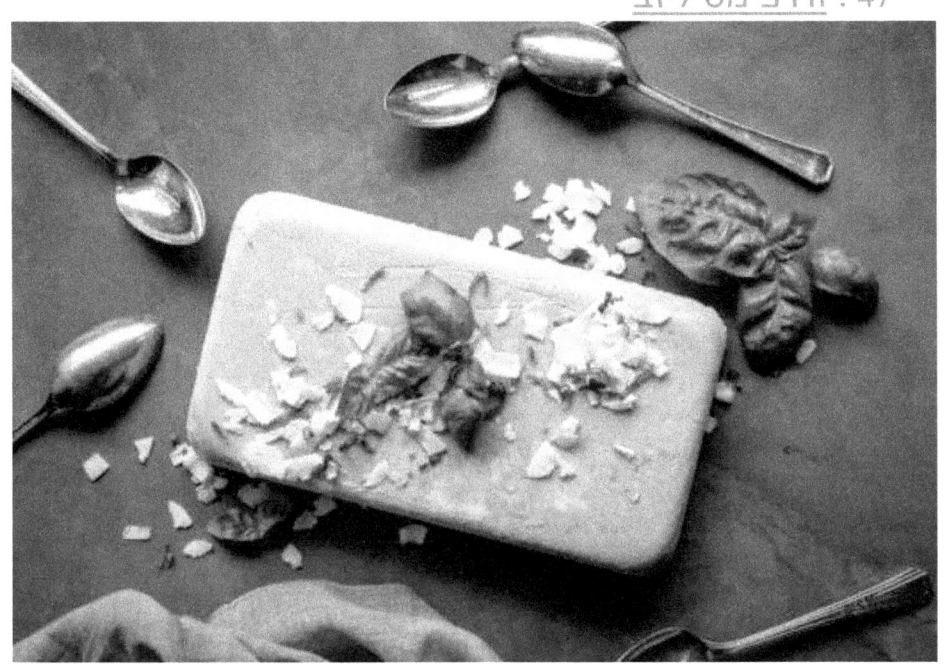

כריביס:

1 כוס עלי בזיליקום טריים קצוצים דק
1 כוס שמנת כבדה
4 ביצים גדולות, מופרדות
1/4 כוס סוכר מגורען
1 כפית תמצית וניל

הוראות:

בהיר קרם לקבלת עד והסוכר החלמונים את מקציפים מיקסר בקערת.
מהאש מסירים. להתבשל מתחילה רק שהיא עד הכבדה השמנת את מחממים, קטן בסיר
דקות 10 במשך להתבשל לזה תן. הקצוצים הבזיליקום עלי את ומוסיפים.
הבזיליקום עלי את וזורקים לקערה בזיליקום המושרה הקרם את מסננים.
כדי תוך החלמונים תערובת לתוך בזיליקום המושרה השמנת את באיטיות יוצקים
מתמשכת טריפה.
היטב ומערבבים וניל תמצית מוסיפים.
נוקשה קצף לקבלת עד החלבונים את מקציפים נפרדת בקערה.
תערובת לקבלת עד הבזיליקום לתערובת המוקצפים החלבונים את בעדינות מקפלים
אחידה.
או לפחות שעות 4-ל ומקפיאים אישיים רמקינים או לחם לתבנית התערובת את יוצקים
ללילה.
הבזיליקום חצי של גריפה או חיתוך ידי על מגישים.

114

SPICEסמיפרדו

48 . לבותמ זופת דלוקוש ודדרפימס

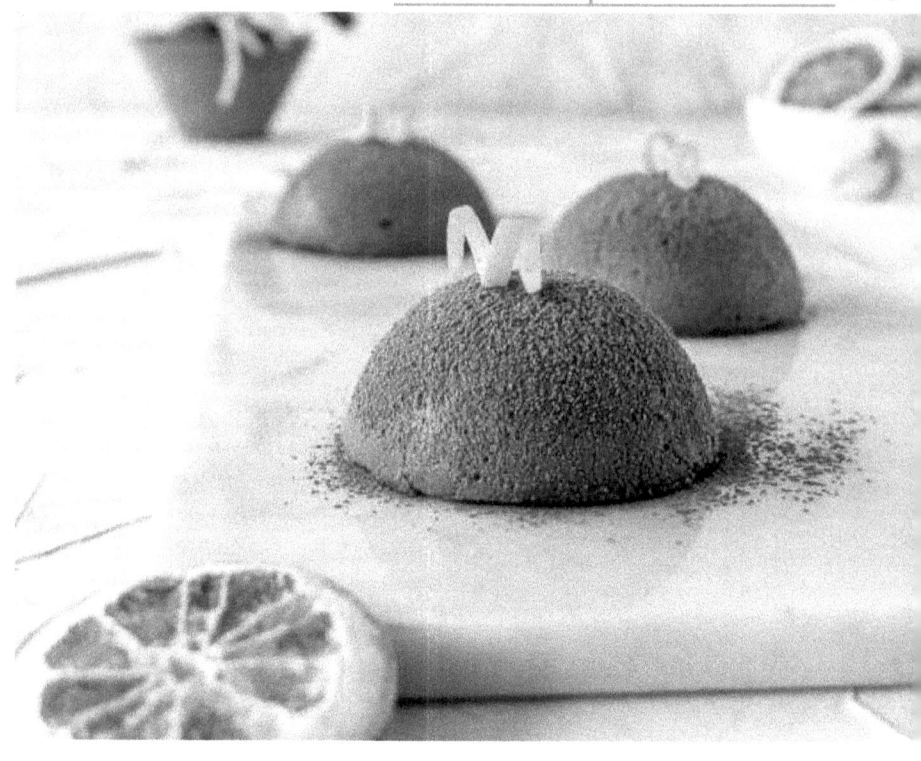

רכיבים:

- 4 חלמונים
- ½ כוס סוכר מגורען
- 1 כוס שמנת בכדה
- 4 אונקיות שוקולד מריר, מומס ומקורר
- 1 כפית גרידת תפוז
- ½ כפית קינמון טחון
- ¼ כפית הל טחון

הוראה:

a) טרפו חי את החלמונים והסוכר עד לקבלת קרם עבה בקערת ערבוב גדולה, טרופים את יחד החלמונים והסוכר עד לקבלת קרם בהיר.

b) בקערה נפרדת מקצפים את השמנת עד הבכדה שנוצרות פסגות רכות.

c) לתוך הקצפת בעדינות את השוקולד המריר, גרידת התפוז, הקינמון וההל.

d) מוסיפים בהדרגה את תערובת הקצפת לתערובת החלמונים, מקפלים בעדינות עד לקבלת תערובת אחידה.

e) יוצקים את התערובת לתבנית לחם או מקניני שישיים.

f) מקפיאים לפחות 6 שעות או לילה.

g) להגשה, מוציאים אותו מהמקפיא ונותנים לו לשבת בטמפרטורת החדר כמה דקות לפני פתיחת התבנית.

117

49 . ודרפימס קוטסיפ לה

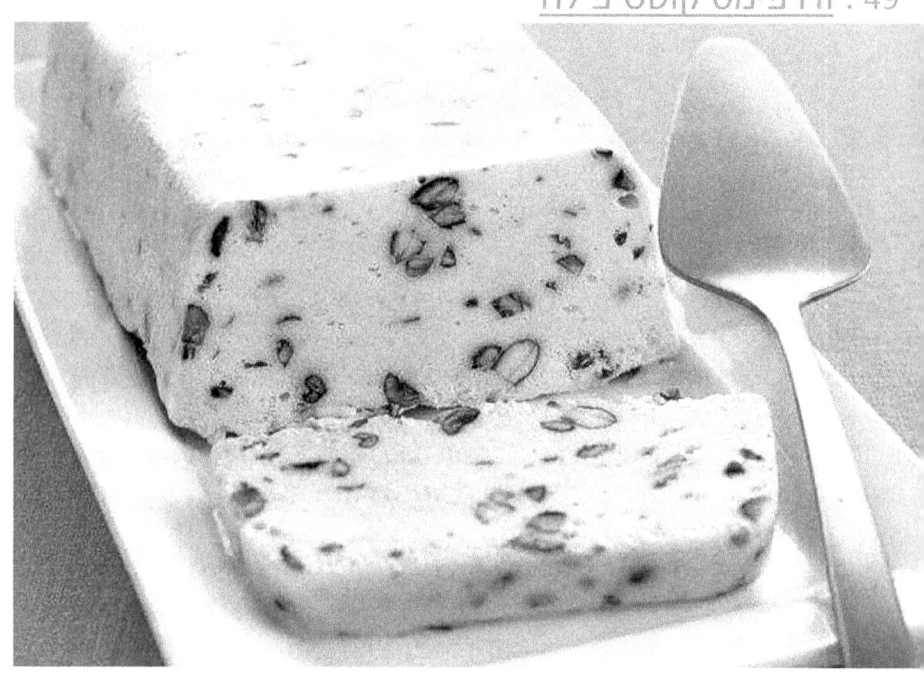

רכיבים:

- 4 חלמונים
- ½ כוס סוכר מגורען
- 1 כוס שמנת בבדה
- 1 כפית הל טחון
- ½ כוס פיסטוקים קצוצים דק

הוראות:

a) בקערת ערבוב גדולה, טרפו יחד את החלמונים והסוכר עד לקבלת קרם בהיר.

b) בקערה הנפרד מקציפים את השמנת עד הבדבה שנוצרות פסגות רכות.

c) מקפלים בעדינות את ההל הטחון והפיסטוקים הקצוצים לתוך הקצפת.

d) מוסיפים בהדרגה את תערובת הקצפת לתערובת החלמונים, מקפלים בעדינות עד לקבלת תערובת אחידה.

e) יוצקים את התערובת לתבנית לחם או למקינים אישיים.

f) מקפיאים לפחות 6 שעות או לילה.

g) להגשה, מוציאים אותו מהמקפיא ונותנים לו לשבת בטמפרטורת החדר כמה דקות לפני התחיתה התבנית.

119

רכיבים:

- 4 חלמונים
- ½ כוס סוכר מגורען
- 1 כוס שמנת בבדה
- 1 כפית קינמון טחון
- 1 כוס תפוחים חתוכים לקוביות דקות

הוראות:

a) בקערת ערבוב גדולה, טרפו יחד את החלמונים והסוכר עד לקבלת קרם בהיר.

b) בקערה נפרדת מקציפים את השמנת הבבדה עד שנוצרות פסגות רכות.

c) מקפלים בעדינות את הקינמון והטחון ואת קוביות התפוחים לתוך הקצפת.

d) מוסיפים בהדרגה את תערובת הקצפת לתערובת החלמונים, מקפלים בעדינות עד לקבלת תערובת אחידה.

e) יוצקים את התערובת לתבנית לחם או רמיקינים אישיים.

f) מקפיאים לפחות 6 שעות או לילה.

g) להגשה, מוציאים אותו מהמקפיא ונותנים לו לשבת בטמפרטורת החדר כמה דקות לפני התחיתה התבנית.

121

51 . ודרפימס ר'גני'ג

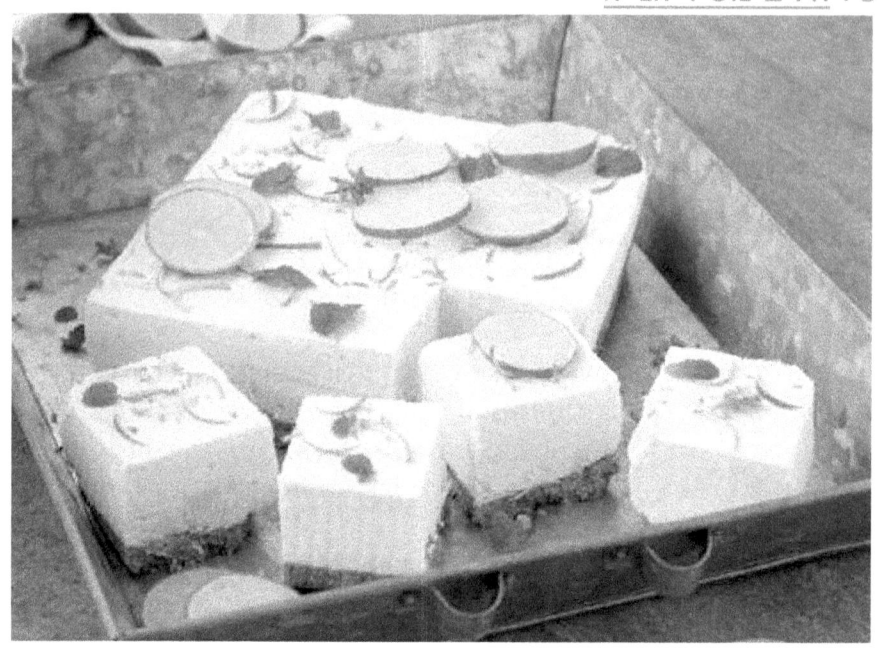

רביכר:

2 כפיות ג'ינ'ר טחון
1 כוס שמנת כבדה
4 ביצים גדולות, מופרדות
1/4 כוס סוכר מגורען
1 כפית תמצית וניל

הוראות:

בקערת מיקסר את החלמונים והסוכר עד לקבלת קרם בהיר.
בסיר קטן, מחממים את השמנת הכבדה עד שהיא רק מתחילה להתבשל.
מסירים מהאש וטורפים פנימה את הטחון ג'ינ'ר עד לקבלת תערובת אחידה.
יוצקים את השמנת המושרה ג'ינ'בר לתוך תערובת החלמונים תוך כדי טריפה מתמשכת.
מוסיפים תמצית וניל ומערבבים היטב.
בקערה נפרדת מקציפים את החלבונים עד לקבלת קצף נוקשה.
מקפלים בעדינות את החלבונים המוקצפים לתערובת עד לקבלת ג'ינ'ר תערובת אחידה.
יוצקים את התערובת לתבנית לחם או רמקינים אישיים ומקפיאים ל-4 שעות לפחות או ללילה.
מגישים על ידי חיתוך או של גריפה חצי פרדו ג'ינ'ר.

123

52 . ודרפימס לינו לה

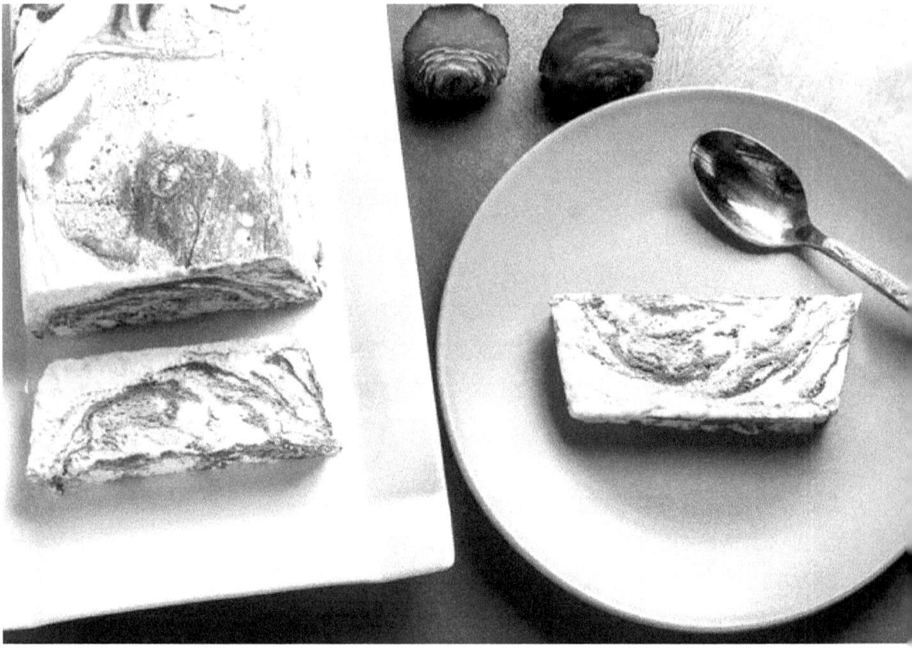

סיביכר:

טחון הל כפית 1
כבדה שמנת כוס 1
מופרדות ,גדולות ביצים 4
מגורען סוכר כוס 1/4
וניל תמצית כפית 1

הוראות:

.בהיר קרם לקבלת עד והסוכר החלמונים את מקציפים מיקסר בקערת
.להתבשל מתחילה רק שהיא עד הכבדה השמנת את מחממים ,קטן בסיר
.אחידה תערובת לקבלת עד הטחון ההל את פנימה וטורפים מהאש מסירים
טריפה כדי תוך החלמונים תערובת לתוך בהל המושרה השמנת את באיטיות יוצקים
.מתמשכת
.היטב ומערבבים וניל תמצית מוסיפים
.נוקשה קצף לקבלת עד החלבונים את מקציפים נפרדת בקערה
.אחידה תערובת לקבלת עד ההל לתערובת המוקצפים החלבונים את בעדינות מקפלים
או לפחות שעות 4-ל ומקפיאים אישיים רמקינים או לחם לתבנית התערובת את יוצקים
.ללילה
.הל חצי של גריפה או חיתוך ידי על מגישים

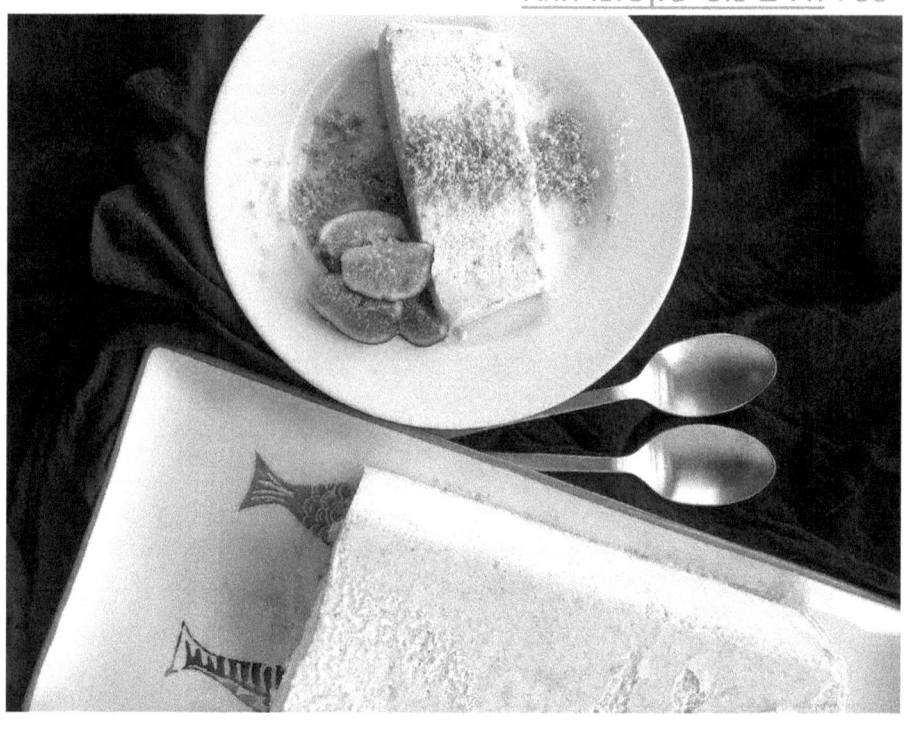

רכיבים:

1 כפית אגוז מוסקט טחון
1 כוס שמנת כבדה
4 ביצים גדולות, מופרדות
1/4 כוס סוכר מגורען
1 כפית תמצית וניל

הוראות:

בקערת מיקסר מקציפים את החלמונים והסוכר עד לקבלת קרם בהיר.
בסיר קטן, מחממים את השמנת הכבדה עד שהיא רק מתחילה להתבשל.
מסירים מהאש וטורפים את פנימה אגוז המוסקט הטחון עד לקבלת תערובת אחידה.
כדי תוך החלמונים תערובת לתוך מוסקט באגוז המושרה השמנת את באיטיות יוצקים מתמשכת טריפה.
מוסיפים וניל תמצית ומערבבים היטב.
בקערה נפרדת מקציפים את החלבונים עד לקבלת קצף קשה נוקשה.
מקפלים בעדינות את החלבונים המוקצפים לתוך תערובת אגוז המוסקט עד לקבלת אחידה תערובת.
יוצקים את התערובת לתבנית לחם או רמקינים אישיים ומקפיאים ל-4 שעות לפחות או ללילה.
מגישים על ידי חיתוך או גרירת חצי אגוז המוסקט.

54 . ודרפימס סינא בבוכ

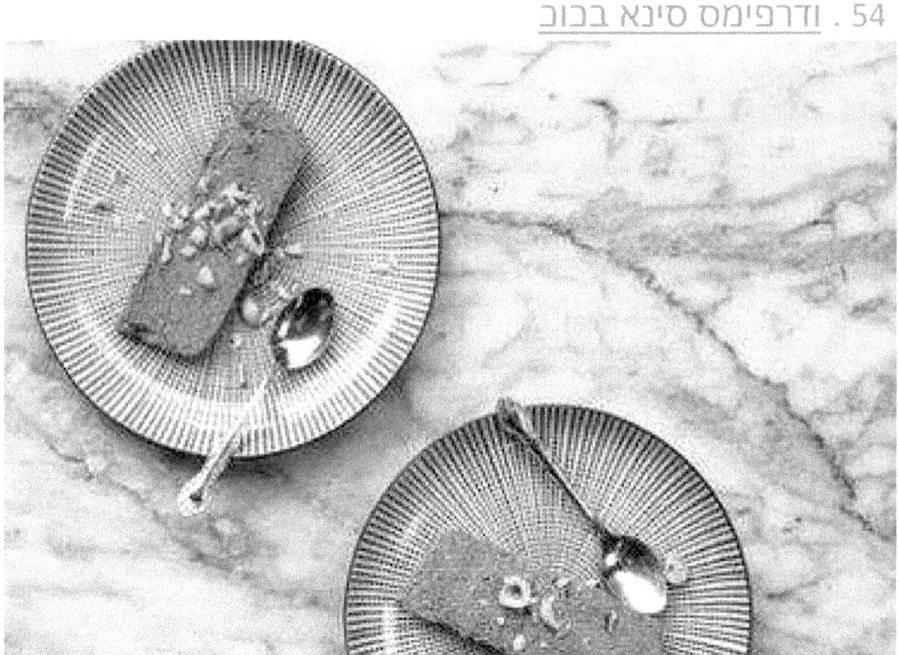

כריביס:

2 תרמילי כוכב אניס, מרוסקים
1 כוס שמנת כבדה
4 ביצים גדולות, מופרדות
1/4 כוס סוכר מגורען
1 כפית תמצית וניל
הוראות:

את מחממים .הכבדה והשמנת המרוסקים אניס הכוכב תרמילי את מערבבים קטן בסיר לזה ונותנים מהאש מסירים .להתבשל מתחילה רק שהיא עד נמוכה אש על התערובת להתבשל במשך 10 דקות.

אניס הכוכב תרמילי את וזורקים לקערה אניס כוכב מושבע הקרם את מסננים.

בהיר קרם לקבלת עד והסוכר החלמונים את מקציפים מיקסר בקערת

כדי תוך החלמונים תערובת לתוך אניס כוכב מושבעת השמנת את באיטיות יוצקים מתמשכת טריפה.

היטב ומערבבים וניל תמצית מוסיפים.

נוקשה קצף לקבלת עד החלבונים את מקציפים נפרדת בקערה.

לקבלת עד אניס הכוכב תערובת לתוך המוקצפים החלבונים את בעדינות מקפלים אחידה תערובת.

או לפחות שעות 4-ל ומקפיאים אישיים רמקינים או לחם לתבנית התערובת את יוצקים ללילה.

אניס כוכב סמיפרדו של גריפה או חיתוך ידי על מגישים.

סמיפרדוNUTTY

55 . זול יזוגא ודרפימס

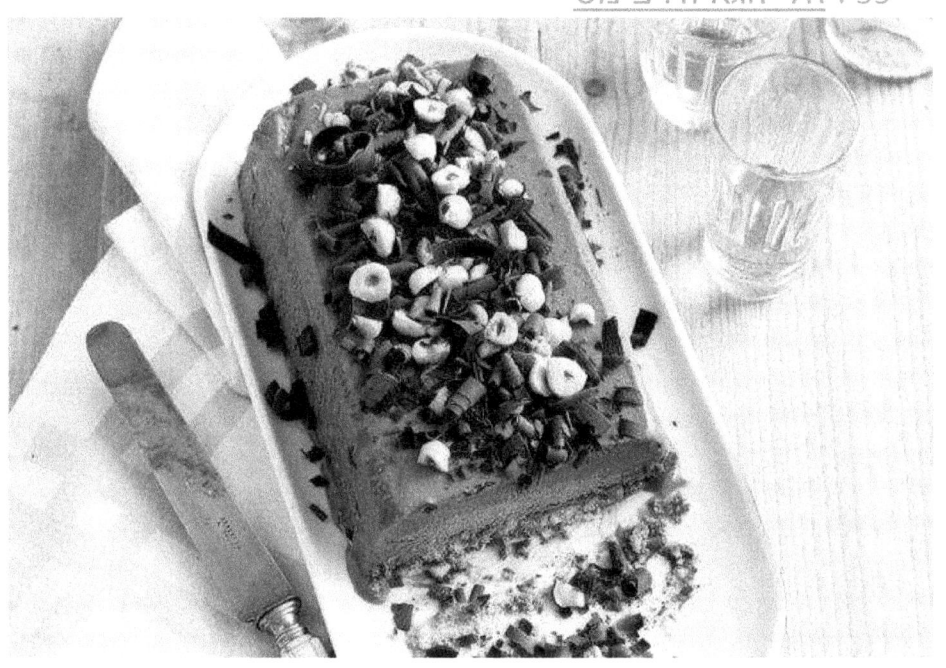

רכיבים:

● 1 כוס אגוזי לוז

● 1 כוס שמנת בכבדה

● ½ כוס סוכר מגורען

● 4 ביצים גדולות, מופרדות

● 1 כפית תמצית וניל

● קורט מלח

● רוטב שוקולד, אגוזי לוז מרוסקים או שוקולד מגולה לקישוט (לא חובה)

132

הוראות:

a) מחממים את המים לרונתה ל-350 מעלות צלזיוס (175 מעלות צלזיוס). מרחיחים את אגוזי הלוזה על ריין אפייה וצולים אותם בתנור כ-10 דקות עד שהם נעשים חריניים ומזהיביים קלות. תן להם להתקרר.

b) לאחר שהאגוזי לוז התקררר, מניחים אותם במעבד מזון או בבלנדר ומקציפים עד לטחון דק. לְהַפְרִישׁ.

c) בקערת מיקסר נפרדת עד הבכדה הנשמה את מקציפים עד לשנצורות פסגות רכות. לְהַפְרִישׁ.

d) בקערה נפרדת, טורפים יחד את הסוכר, החלמונים, תמצית הווניל וקורט מלח עד לבלבת תערובת ואחידה והפוכה חביכת רוויח ומקרמית.

e) מקפילים בעדינות את אגוזי הלוזה הטחונים לתוך תערובת החלמונים עד שהם נטמעים בטיה.

f) מקפילים פנימה את הקקצפה עד שהתערובת הקלה והמשולבת בטיה.

g) בקערה הנקיי סונפת מקציפים את החלבונים עד שנוצרים פסגות נוקשות.

h) מקפילים בזהירות את החלבונים הטרופים לתוך תערובת האגוזי הלוז, ומקפידים לא לרוקן את התערובת יותר מדי.

i) יוצקים את התערובת לעומרד ולמספרים. מחליקים את החלק העליון ואו לתבנית ולתבנית לחברית. הקלח העליון בעזרת מרית.

j) מכסים את התבנית או בניילון נצמד וכמוסיס מקפיא למשך 4 שעות לפחות או עד שהון יציב.

k) כשמוכן להגשה, מוציאים את המספרד מהמקפיא ונותנים לו לשבת בטמפרטורת החדר במשך כמה דקות כדי להקל מעט.

l) פורסים את המספרד לקמכים ומגישים עם טפטוף של רוטב שוקולד, אם רוצים, מקושט או שוקולד מגולח קלישות, אם וצים.

m) הנהת המספרד ואגוזי לוז קרמי ואהו לשרף! זה קינוח אופק ומגנעם עם הטעם. טעים של אגוזי לוז. מושלם עבור יהובי אגוזי לוז ואוריעים מיוחדים.

רכיבים:

● 6 אנקיות שוקולד לבן, קצוץ
● 1 כוס שמנת בכבדה
● ½ כוס שקדים שלמים, קלויים וקצוצים
● 4 ביצים גדולות, מופרדות
● ¼ כוס סוכר מגורען
● 1 כף תמצית וניל
● קורט מלח

הוראה:

a) בקערַה חסינת חום מיסים את השוקולד הלבן והשמנת בחמבת עם מים רותחים. מסיריים מהאש ונותנים לו להתקרר מעט עד שהתערובת חלקה והסמנו לחלוטין. מערבבים עד לקבלת תערובת חלקה ומסמנו לחלוטין.

b) בקערה נפרדת מקציפים את השמנת עד הכבדה שנוצרות פסגות רכות.

c) מקפילים בעדינות את הקצפת המוקצפת והשקדים הקצוצים לתוך השוקולד הלבן המוסמ. עד לקבלת תערובת אחידה. לְהַפְרִיד.

d) בקערת מיקסר, טורפים יחד את החלמונים, הסוכר, תמצית וניל וקורט מלח עד לקבלת תערובת אחידה והתערובתה תפוחה וקרמימית.

e) בקערה נקייה נטספ מקציפים את החלבונים עד שנוצרים פסגות נוקשות.

f) מקפילים בזהירות את החלבונים הטרופים לתוך תערובת השוקולד הלבן, מקפידים לא לרוקן את התערובתה יותר מדי.

g) יוצקים את תערובת הסמיפרדו לתבנית או לתבניחבכם. מחליקים את העליון בעזרת מרית.

h) מכסים את התבנית או התבנית בנייון צמצן ומכניסים למקפיא למשך 4 שעות או עד שהיצב.

i) כשמוכן להגשה, מוציאים את הסמיפרדו מהמקפיא ונותנים לו לבשלת בטמפרטורות החדר במשך כמה דקות כדי להתרכך לטעם.

j) פורסים את הסמיפרדו למנות ומגישים.

135

57. סמיפרדו שוקולד ושקדים קלויים

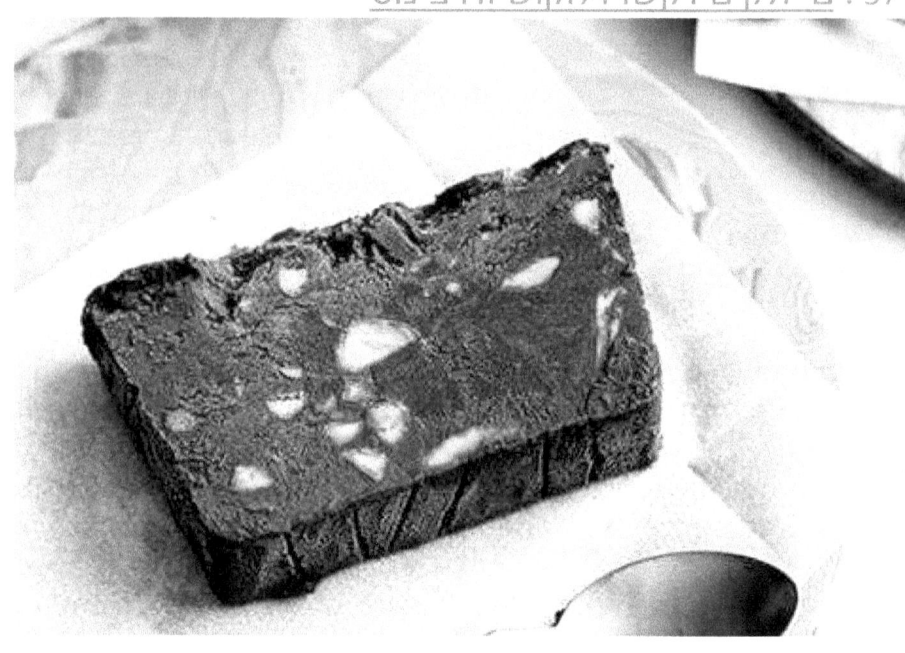

רכיבים:

- 200 גרם שוקולד מריר, קצוץ
- 100 גרם שקדים קלויים, קצוצים סג
- 4 ביצים גדולות, מופרדות
- 100 גרם סוכר מגורען
- 300 מ"ל שמנת בכדה
- 1 כפית תמצית וניל
- קורט מלח

הוראות:

a)‏ ‏מסיסים את השוקולד המריר בקערה חום תניסח עמל ריס עם מים רותחים. מערבבים מדי פעם עד לקבלת מרקם חלק. מסירים מהאש ונותנים לו להתקרר מעט.

b)‏ ‏קרם לקבלת עד זהיו רכובהו חלמונים את מקציפים את הלודה בורב ערבת בקערה בהיר. מוסיפים את השוקולד המומס לתערובת החלמונים ומערבבים עד לקבלת תערובת אחידה.

c)‏ ‏בקערה אחרת, מקציפים את השמנת הכבדה, תמצית וניל וקורט חלם עד שנוצרות פסגות רכות.

d)‏ ‏בקערה נקיי הביוש את המקציפים עד שנובולים והחלבונים עד פסגות נוקשות.

e)‏ ‏מקפלים בעדינות את החלבונים המוקצפים אל תוך תערובת השוקולד עד לקבלת תערובת אחידה. לאחר מכן פניה את המינה אל החלבונים הטרופים, ולאחר מכן את השקדים הקלויים.

f)‏ ‏יוצקים את תערובת המוס לתבנית או לכלי הגשה אישיים. מחליקים את חלקה העליון בעזרת מרית.

g)‏ ‏מכסים את התבנית או הכלים בניילון נצמד וכניסים למקפיא למשך 6 שעות או לילה עד להתייצבות.

h)‏ ‏לפני ההגשה, מוציאים את המוס מהמקפיא ונותנים לו בטמפרטורת החדר המכל תקוד בדי להכרך טעם. פורסים או גוזרים את המוס לפרוסות ומגישים במנות אישיות.

i)‏ ‏אפשר גם לקשט עם שקדים קלויים נוספים או שוקולד מגולח אם צוריס.

58 . ודרפימס דלוקוש-םינטוב תאמח

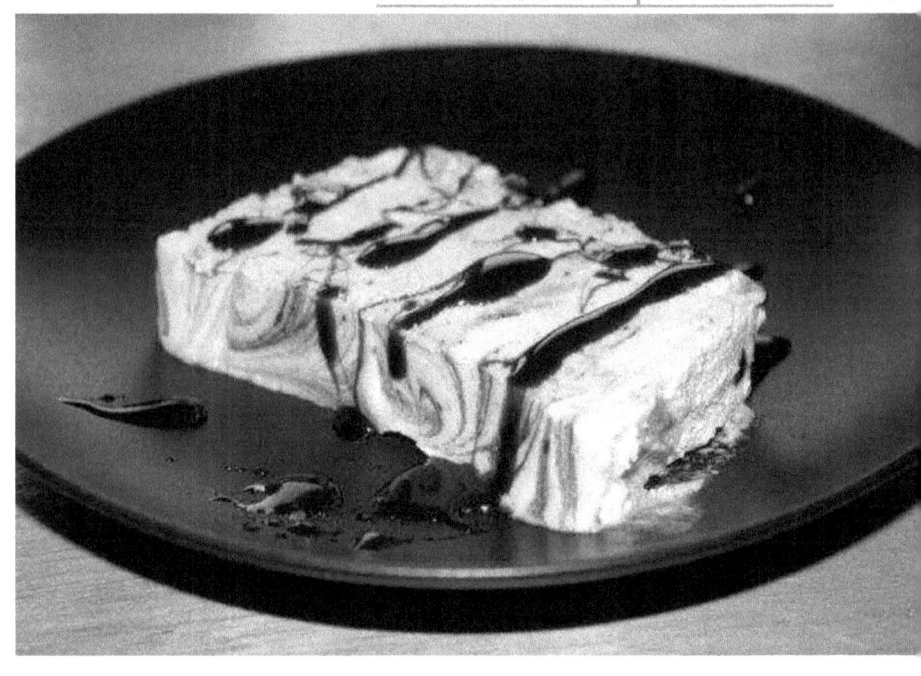

רכיבים:

● 1 כוס שמנת בבדה

● ½ כוס חמאת בוטנים שמנת

● ½ כוס אבקת סוכר

● 1 כפית תמצית ונילי

● 4 אונקיות שוקולד חצי מתוק, קצוץ

● 4 חלמונים גדולים

● ¼ כוס סוכר מגורען

● קורט מלח

● שבבי שוקולד, לקישוט (אל חובה)

● בוטנים קצוצים, לקישוט (אל חובה)

הוראות:

139

a)   בקערת ערבוב גדולה מקציפים את השמנת בכבדה עד שנוצרות פסגות רכות. הניחו אותה בצד.

b)   בקערה נפרדת, טורפים יחד את חמשת התאמה הבוטנים, אבקת סוכר ותמצית וניל עד לקבלת תערובת אחידה. הניחו אותה בצד.

c)   מניחים את השוקולד החצי מתוק קצוץ בקערה עמידה בחום חיסיני על אותו לו. מערבבים מדי פעם עד שהשוקולד נמס וחלק. מסירים אותו מעם מים רותחים. הוסיפו עם מים חמים והתנבחו לו ונתונים שמאה ואותו להתקרר מעט.

d)   בקערה חסינת חום, טורפים יחד את החלמונים, סוכר והמלח. מניחים את התערובת שמתעורר עד הזמן וכל כב קציפים ומחתירים מים חמבת אותו על הערקה לעל את הערקה תלילת הז חקיי 5-כ דקות. הצוה ההבוהו הוירות.

e)   מסירים את הקרעה מהאם שמושכים לפקהיצ עוד הקד הקד ידי לקרר מעט.

f)   מוסיפים את השוקולד המומס לתערובת החלמונים ופרופים עד לקבלת תערובת אחידה.

g)   מקפלים בעדינות את תערובת חמאת הבוטנים לתוך ערובת השוקולד עד להטמעה אלמה.

h)   מוסיפים שליש מהקצפת לתערבת השוקולד-חמאת בוטנים ומפלים אותה התם מוסיפים את יתרי קצפת ומפלים עד ערבות של שאלש נשארים פסים. מוסיפים עד שהתערובת חלק ואחידה.

i)   יוצקים את התערובת לתבנית או לכלי ליחבריכמ. מחלילים את החלה העליון בעזרת מירית.

j)   מכסים את החמבת או המימה לכיב בניילון נצמד, ואדו שהוא נוגע בשטח החציא- מחפלת שועת 6 לשמר ואותו מחיחנ במקפיא למשל קרח גבישי ביישר. כד למנל ויאוורות פרד או לשמר הלילה עד שהוא מתייבצ.

k)   כשמוכן להגשה, מוציאים את ההסמפידרו מהמקפיא ותבשל לו ונתונים. להמחאים את אותו פרוסים עמט להתרכך. עמט דקת הדחר בדמבק למשר המכ דקות כד להתרכך אותו וונמלנ במקשטים שוקלי בוטנים קצוצים, אם רצוי.

59 . ודרפימס הלטונ

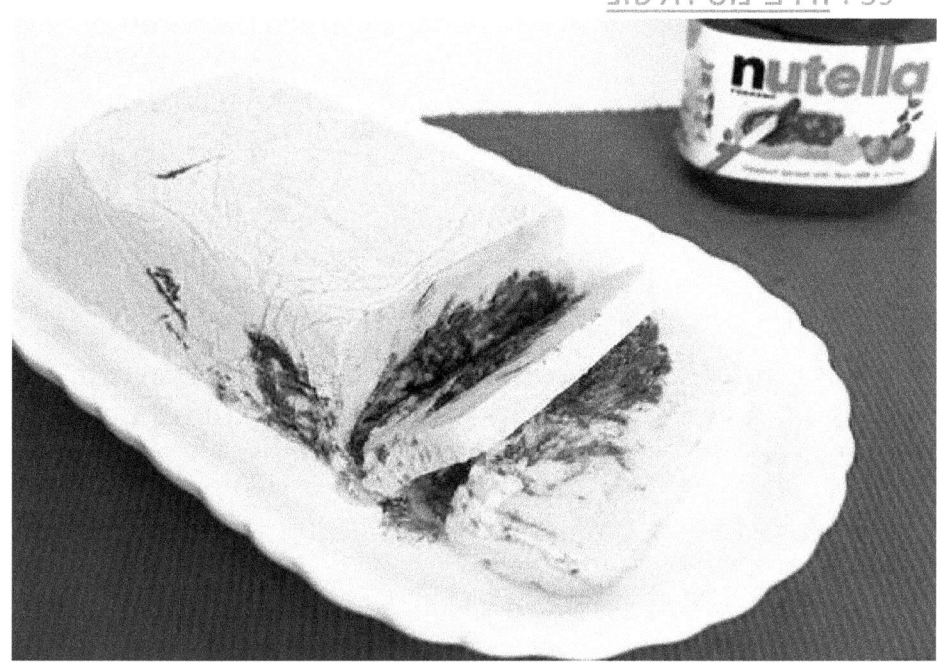

רכיבים:

● 4 ביצים גדולים, מופרדות
● ½ כוס סוכר מגורען
● 1 כוס נוטלה או כל ממרח שוקולד-אגוזי זול
● 1 כף תמצית וניל
● 1 כוס שמנת בכבדה
● ¼ כוס אגוזי זול קצוצים (אל חובה, לקישוט)
● שבבי שוקולד (אל חובה, לקישוט)

הוראות:

a) בקערת מיקסר גדולה הקציפו את חלמוני הביצים והסוכר עד שהתערובת הופכת סמיכה והבהירה וחיוורת.

b) מוסיפים את הנוטלה ותמצית הווניל לתערובת החלמונים וערבבים עד לקבלת תערובת אחידה.

c) בקערה עבורה נפרדת, מקציפים את השמנת עד הדבכה שנוצרות פסגות רכות.

d) מקפלים בעדינות את הקצפת לתערובת הנוטלה עד להטמעה.

e) בקערת מיקסר נקייה נוספת מקציפים את חלבוני הביצים בעזרת מטרפה או מערבל חשמלי עד שנוצרים קצף נוקשה.

f) מקפלים בעדינות את החלבונים המוקצפים לתוך תערובת הנוטלה והקצפת עד שלא נשארים פסים בלבן של הביצה.

g) יוצקים את התערובת לתבנית או לכלי לבחירתכם. מחליקים את החלקה העליונה בעזרת מרית.

h) מכסים את המסיר או החמבת או המה לכימה בניילון נצמד, ווד שהוא נוגע במשטח החציי- פרד כדי למנוע עיוות. מניחים אותו במקפיא למשך 6 שעות לפחות או למשל הלילה עד שהוא מתייצב.

i) כשמוכן להגשה, מוציאים את הסמפירדו מהמקפיא ונותנים לו לשבת בטמפרטורת החדר במשך כ דקה קדוק כדי להתרכב טעם. מפזרים קצוצים ושבבי שוקולד לקישוט, אם רוצים.

j) פורסים את הנוטלה סמפירדו למנות ומגישים.

142

60 . טגונו קוטסיפ ,דלוקוש ודרפימס

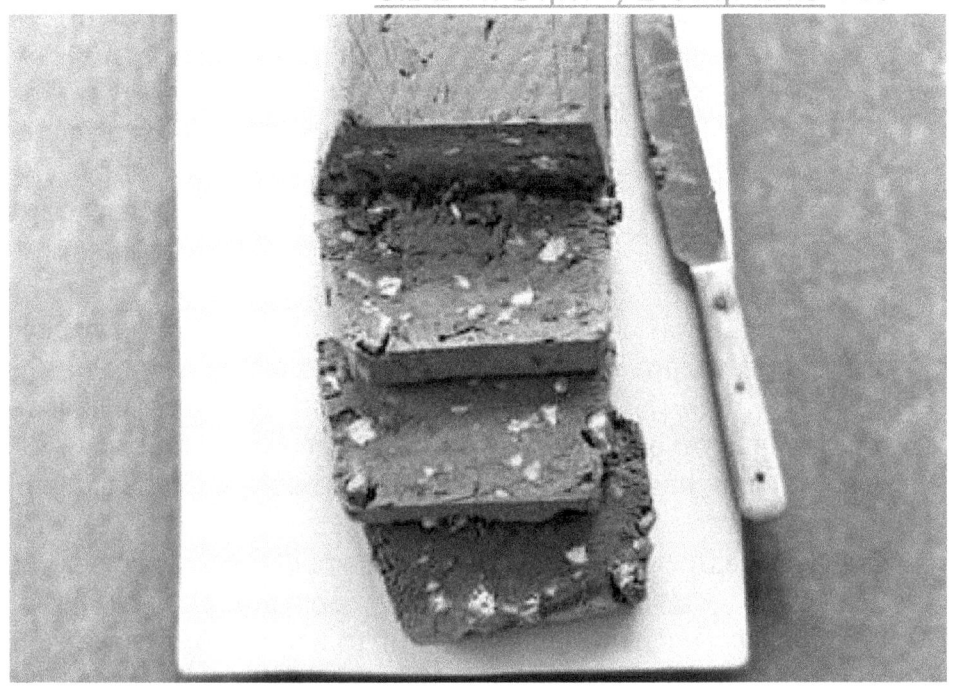

רכיבים:

- 4 ביצים גדולות, מופרדות
- ½ כוס סוכר מגורען
- 1 כפית תמצית וניל
- 1 ½ כוסות שמנת בכבדה
- ½ כוס שוקולד מריר, קצוץ
- ½ כוס פיסטוקים, קצוצים
- ½ כוס נוגט, קצוץ

הוראות:

a) טורפים בקערת מיקסר את החלמונים, הוסף תמצית וניל עד לקבלת תערובת סמיכה וחיוורות.

b) בקערה נפרדת מקציפים את השמנת הכבדה עד שנוצרות פסגות רכות.

c) מקפלים בעדינות את הקצפת לתוך תערובת החלמונים עד לקבלת תערובת אחידה.

d) מוסיפים לתערובת את השוקולד המריר הקצוץ, הפיסטוקים והנוגט, וחומר מכל אחד בכמות לקישוט.

e) בקערה אחרת מקציפים את החלבונים עד שנוצרים פסגות נוקשות.

f) מקפלים בזהירות את החלבונים הטרופים לתוך תערובת השמנת, וואדים לא לקורס את התערובת.

g) מפדים בניילון נצמד חלק או כימי לכיב המתאים למקפיא, ושמאירים עדופים תילויים על הדפנות.

h) יוצקים את תערובת הסמיפרדו לתבנית המוכנה ומחליקים את החלק העליון במרית.

i) מזהירים את השוקולד הקצוצה השמור, הפיסטוקים והנוגט על הקישוט.

j) מכסים את התבנית בניילון נצמד ומקפיאים למשך 6 שעות לפחות או לליל עד להתייצבות.

k) כשמוכן להגשה, מוציאים את הסמיפרדו מהמקפיא ונותנים לו לשבת בטמפרטורת החדר במשך כמה דקות כדי להתרכך מעט.

l) הופכים את הסמיפרדו על צלחת הגשה, מסירים את הניילון.

m) פורסים את הסמיפרדו ומגישים מיד.

n) לחלופין, ניתן לעטר כל מנה בפיסטוקים קצוצים נוספים ונוגט.

144

61 . ודרפימס קוטסיפ

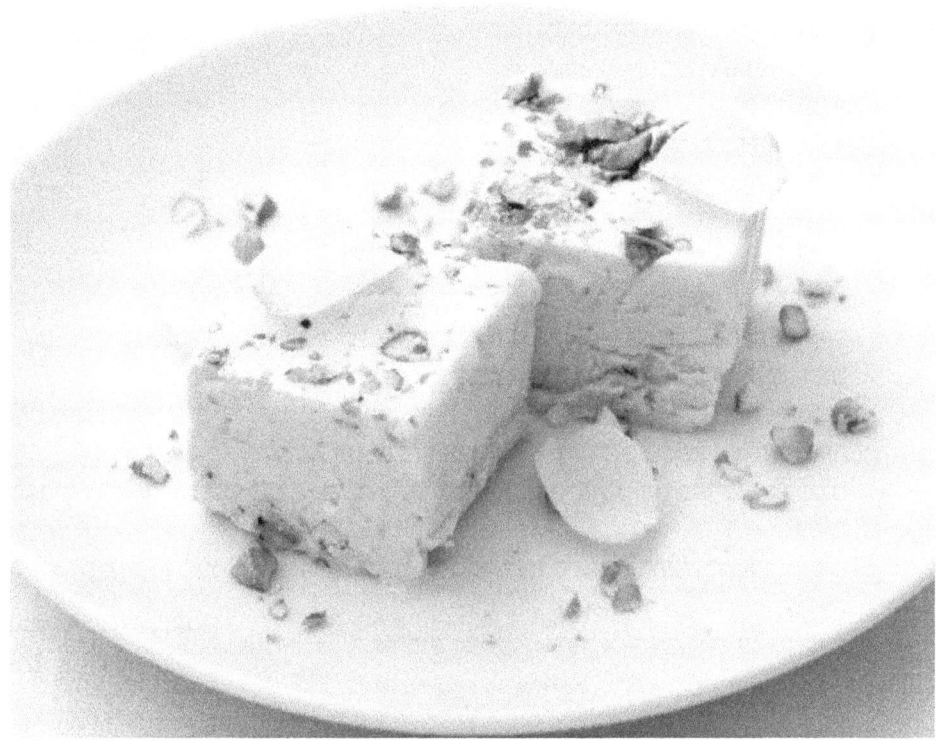

רכיבים:

1 כוס פיסטוקים קלויים, וקצוצים דק
1 כוס שמנת כבדה
4 ביצים גדולות, מופרדות
1/4 כוס סוכר מגורען
1 כפית תמצית וניל

הוראות:

בקערת מיקסר מקציפים את החלמונים והסוכר עד לקבלת קרם בהיר.
נפרדת בקערה מקציפים את השמנת ותמצית הווניל עד שנוצרות פסגות רכות.
מקפלים בעדינות את הפיסטוקים הקצוצים לתוך הקצפת.
מתמשכת טריפה כדי תוך החלמונים לתערובת הפיסטוק תערובת את באיטיות יוצקים.
נוספת נקייה בקערה את מקציפים עד החלבונים את שנוצרים פסגות נוקשות.
מקפלים בעדינות את החלבונים הטרופים לתוך תערובת הפיסטוקים עד שלא נשארים פסים.
יוצקים את התערובת לתבנית לחם או רמקינים אישיים ומקפיאים ל-4 שעות לפחות או הלילה.
מגישים על ידי חיתוך או גריפה של חצי פיסטוק.

62. סמיפרדו שקדים

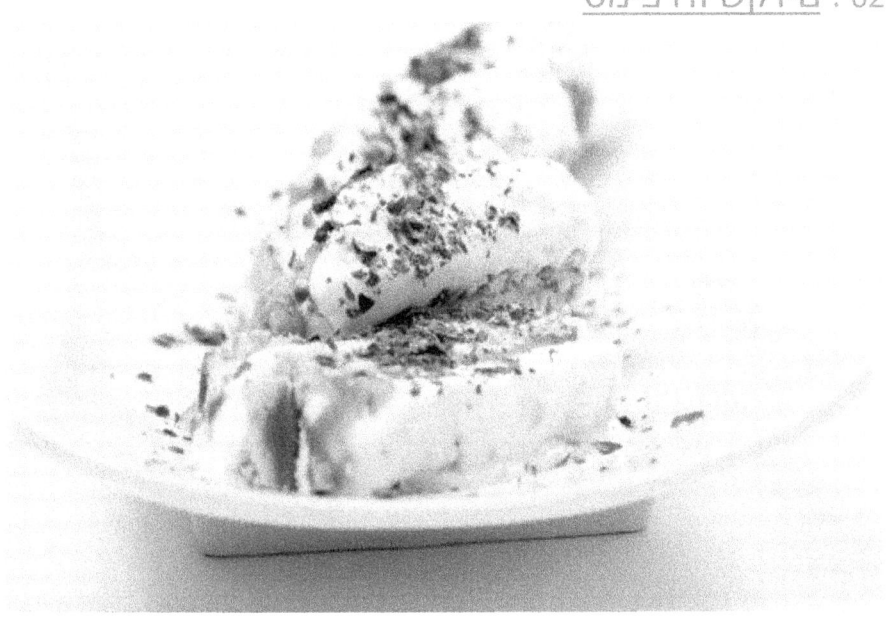

רכיבים:

1 כוס שקדים קלויים וקצוצים דק
1 כוס שמנת כבדה
4 ביצים גדולות, מופרדות
1/4 כוס סוכר מגורען
1 כפית תמצית וניל

הוראות:

הקציפים את החלמונים והסוכר עד לקבלת קרם בהיר במיקסר בקערת.

רכות פסגות שנוצרות עד הווניל ותמצית השמנת את מקציפים נפרדת בקערה.

הקצפת לתוך הקצוצים השקדים את בעדינות מקפלים.

מתמשכת טריפה כדי תוך החלמונים לתערובת השקדים תערובת את באיטיות יוצקים.

נוקשות פסגות שנוצרים עד החלבונים את מקציפים נוספת נקייה בקערה.

נשארים שלא עד השקדים תערובת לתוך הטרופים החלבונים את בעדינות מקפלים פסים.

או לפחות שעות 4-ל ומקפיאים אישיים רמקינים או לחם לתבנית התערובת את יוצקים לילה.

השקדים פרדו חצי של גריפה או חיתוך ידי על מגישים.

PANE

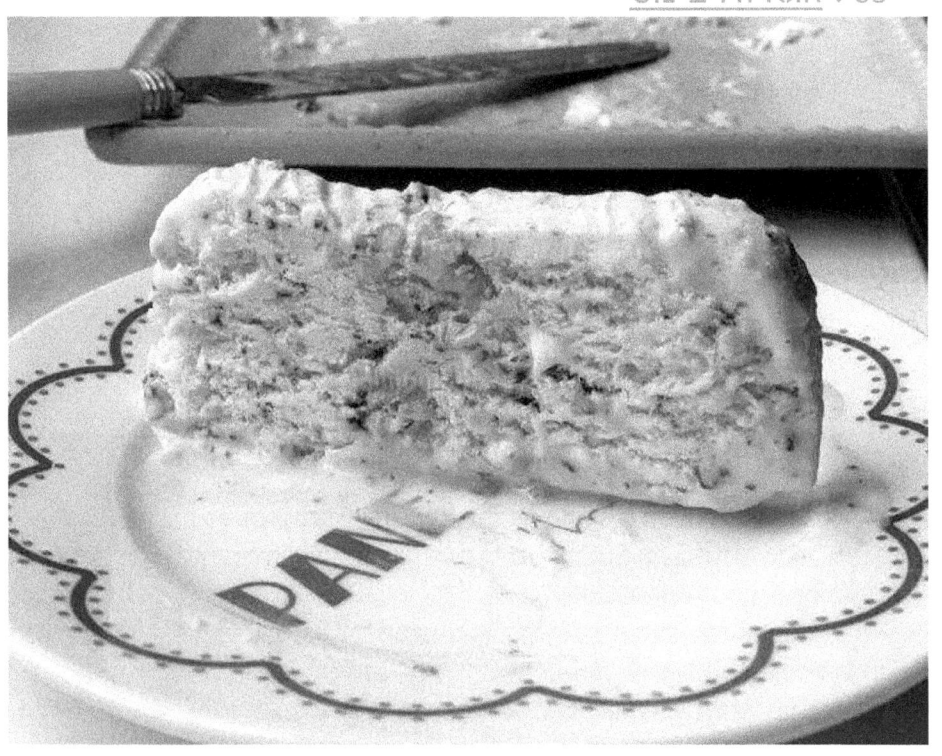

כריביס:

1 כוס אגוזי מלך, קלויים וקצוצים דק
1 כוס שמנת כבדה
4 ביצים גדולות, מופרדות
1/4 כוס סוכר מגורען
1 כפית תמצית וניל

הוראות:

בהיר קרם לקבלת עד והסוכר החלמונים את מקציפים מיקסר בקערת.
רכות פסגות שנוצרות עד הווניל ותמצית השמנת את מקציפים נפרדת בקערה.
הקצפת לתוך הקצוצים המלך אגוזי את בעדינות מקפלים.
טריפה כדי תוך החלמונים תערובת לתוך האגוזים תערובת את באיטיות יוצקים
מתמשכת.
נוקשות פסגות שנוצרים עד החלבונים את מקציפים נוספת נקייה בקערה.
נשארים שלא עד האגוזים תערובת לתוך הטרופים החלבונים את בעדינות מקפלים
פסים.
או לפחות שעות 4-ל ומקפיאים אישיים רמקינים או לחם לתבנית התערובת את יוצקים
ללילה.
מלך אגוזי סמיפרדו של גריפה או חיתוך ידי על מגישים.

הפקסמיפרדו

64. טירמיסו סמיפרדו

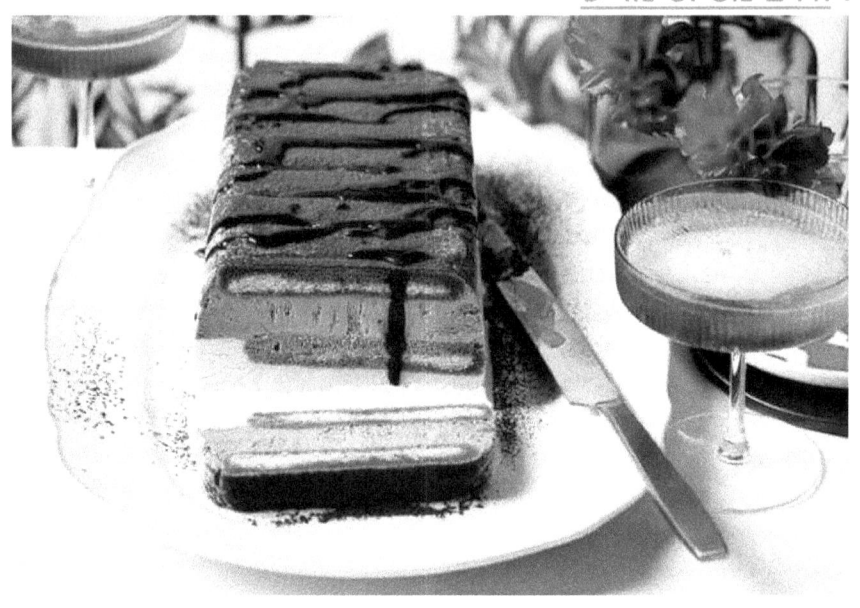

רכיבים:

- 1 ½ כוסות אספרסו, בתוספת 1 כף נוספת
- ¼ כוס פרנג'ליקו
- ½ כוס רכב קד
- 4 ביצים, מופרדות
- 2 כוסות שמנת עמוקה
- 1 כף תמצית ונילי
- 100 גרם מסקרפונה, בטמפרטורת החדר
- 1 כף אבקת קקאו והולנדי, בתוספת נוספת לאבק
- 20 ביסקוויטים סבוייארדי

הוראות:

a)   בקערה הנטן מערבבים אספרסו ופרנג'ליקו ומניחים בצד.

b)   מניחים סוכר וחלמונים ומלסקים עם חיבור המקצף ומקציפים עד לקבלת קרם חיוור. מעבירים לקערה גדול בגן את קערת המקסר בעמבד מניקי.

c)   מניחים שמנת ותמצית ונילי בקערת המקסר הנקייה ומקציפים לקצף רך. מוסיפים מסקרפונה, מקציפים עד לאיחוד, ומעבירים לקערה נפרדת.

d)   שטפו וטיבו ברית חלבונים מניחים בקערה וקורו. מקציפים את קערת המקסר והוציפי. מפלים בעדינות את תערובת הקצפת. דואם ביצי לקצף מקציפים וחלם מלא תתית פה ותערובת החלבונים לתוך תערובת החלמונים עד לאיחוד.

e)   כף ועוד קקאו פנים המינב מערבבים בקערה נפרדת. מערבבים מחצית המתערובת בקערה מחזית מניחים אספרסו.

f)   הלברכה, מרפידים תבנית כביר במועק 7 ס"מ בגודל ל30 ס"מ על 10 ס"מ בוניילון. טובלים מחצית מהסבוייארדי בתערובת פרנג'ליקו ומניחים בסיסב המנה. נצמד על עמד קרק אספרסו. טובלים את הסבוייארדי הנותרה בתערובת פרנג'ליקו, ומעל הבבש. קרק האספרסו, ואלו רחאו מכן לעמן תערובת קרק ריגל.הליגר. מסכמ בניילון נצמד ומכניסים לקמפיא ל-6 שעות או עד להתייצבות.

g)   כשנכון להגיש, הופכים את העיכבים על לצלחת השגה וממסירים את התבנית. מפדרים קקאו ופורסים להגשה וניליון. והנילון.

153

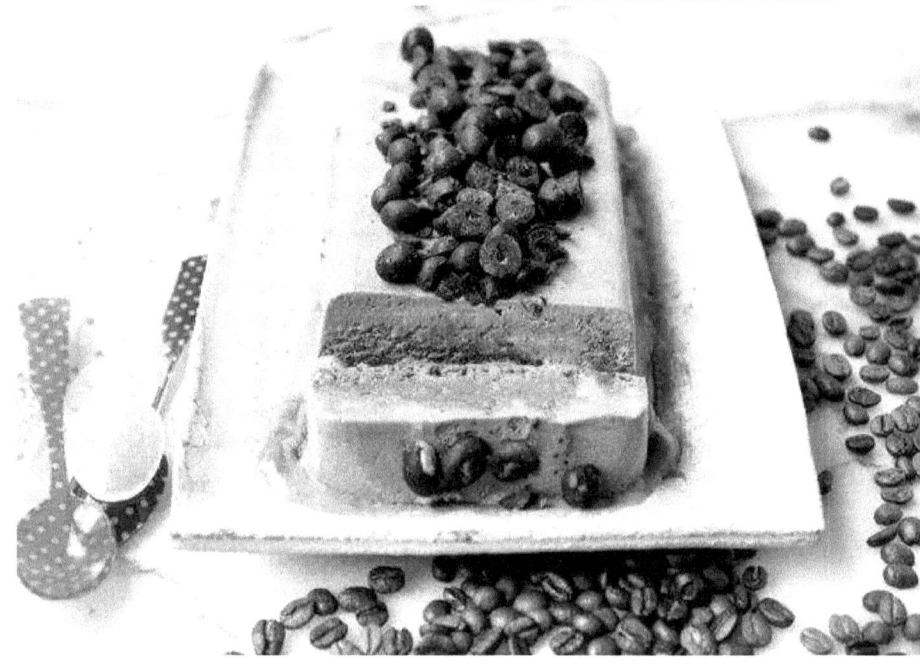

רכיבים:

- 2 כפות אבקת אספרסו ואינסטנט
- 1 כף מים חמים
- 8 אונקיות שוקולד מריר, קצוץ
- 4 ביצים גדולים, מופרדות
- ½ כוס סוכר מגורען
- 1 כף תמצית וניל
- 1 ½ כוסות שמנת כבדה
- אבקת קקאו, לניקוי אבק
- שבבי שוקולד, לקישוט

הוראות:

a)   ממיסים את אבקת האספרסו ואינסטנט במים חמים ומניחים בצד להתקרר.

b)   בקערה חסינת חום ממיסים את השוקולד המריר על ריס לפוך או במיקרוגל, תוך ערבוב עד לקבלת תערובת חלקה. מניחים בצד להתקרר מעט.

c)   טורפים בקערה נפרד את החלמונים, הסוכר ותמצית הווניל עד לקבלת תערובת סמיכה וחיוורת.

d)   מוסיפים את השוקולד המומס והאספרסו לתערובת החלמונים ומערבבים עד לקבלת תערובת אחידה.

e)   בקערה נפרדת מקציפים את השמנת הכבדה עד שנוצרות פסגות רכות.

f)   מקפלים בעדינות את הקצפת לתוך תערובת השוקולד עד לקבלת תערובת אחידה.

g)   בקערה אחרת מקציפים את החלבונים עד שנוצרים פסגות נוקשות.

h)   מקפלים בזהירות את החלבונים הטרופים לתוך תערובת השוקולד והשמנת, מוודאים שהתערובת לא תתקרוק.

i)   יוצקים את תערובת הסמיפרדו לתבנית חל או למיכל עמיד במקפיא.

j)   מחליקים את החלק העליון בעזרת מרית.

k)   מכסים בניילון נצמד ומקפיאים למשך 6 שעות לפחות או לילה עד להתייצבות.

l)   כשמוכן להגשה, מוציאים את הסמיפרדו מהמקפיא ונותנים לו לשבת בטמפרטורת החדר במשך כמה דקות כדי להתרכך מעט.

m)   מפזרים את החלק העליון באבקת קקאו ומקשטים בשבבי שוקולד.

n)   פורסים את הסמיפרדו ומגישים מיד.

66 . ודרפימס הפק

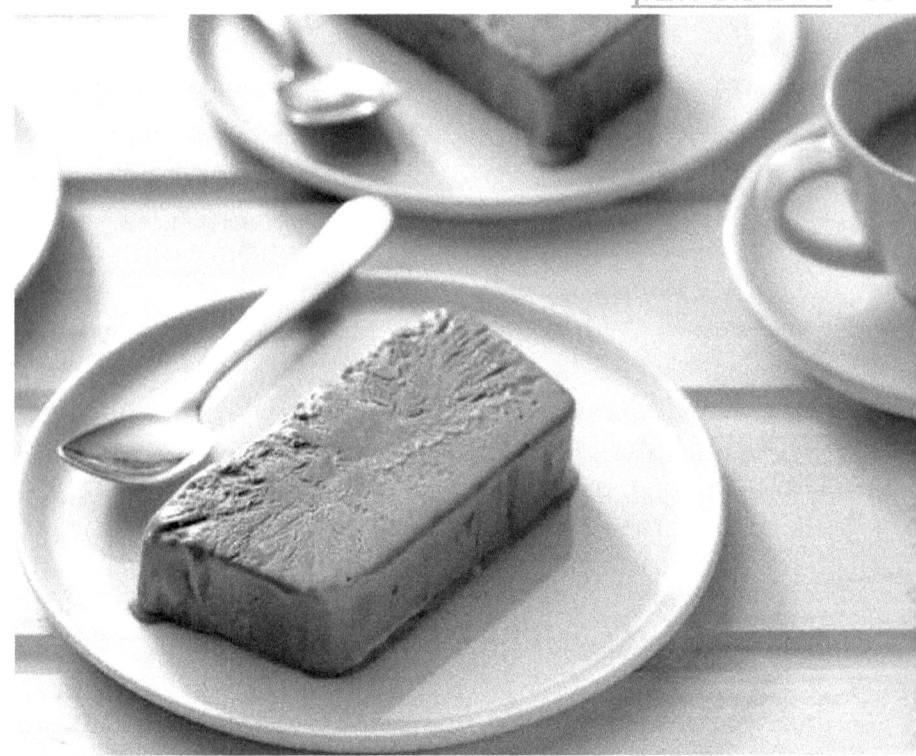

רכיבים:

- 2 כפות הפק נמס
- 1 כף מים חמים
- 4 ביצים גדולות, מופרדות
- ½ כוס סוכר מגורען
- 1 כפית תמצית ונילה
- 1 כוס שמנת כבדה
- אבקת קקאו או פולי הפק מצופים בשוקולד, לקישוט (לא חובה)

הוראות:

a.   מיסיסו את הפקה הנמס סומב בחמים ומינחיו אותו בצד להתקרר.

b.   בקערת מיקסר, טרופיס יחד את המלחומים והסוכר עד שהתערובת תהפוה וקרמית.

c.   מוסיפיס את הפקה המסומה ותמצית הונילה לתערובת המלחומים ועברבביס עד לקבלת תערובת אחידה.

d.   בקערה נפרדת תדקיפציס את השמנת הבכדה עד שנוצרות פסגות רכות.

e.   בקערה נקיה טפסוס נוסף תדבלנונים את השנוצירי פסגות נוקשות.

f.   מקפילים בעדינות את הקצפת לתערובת הפקה לקבלת תערובת אחידה.

g.   מקפילים פנימה המהזיהרות את החלבונים הטרופים, מקפידים לא לורוק רתוי ידמ את התערובתה.

h.   יוציקים את התערובת סמיפרדו ולתבנית או לתבנית מחליקים את. מחליקים בעזרת מרית עליון העליוה קלחה תיר.

i.   מכסיס את התהבנית או התבנית בניילון נצמד ומכניסים למקפא למשך 4 שעות או עד שהוא ויצב.

j.   כשמוכן להגשה, מוציאים את הסמיפרדו מהמקפיא ותונינ לו לשבת בטמפרטורה רדחה במשך כמה דקות תוקד ידכ להתכרך טעם.

k.   חולפים את הסמיפרדו לכל יליהי השגה איששים או פרוסים אותו למנות.

l.   מקשטטיס באבק קקאו או פולי הפק מכסוסם בשוקולד, אם צורי.

157

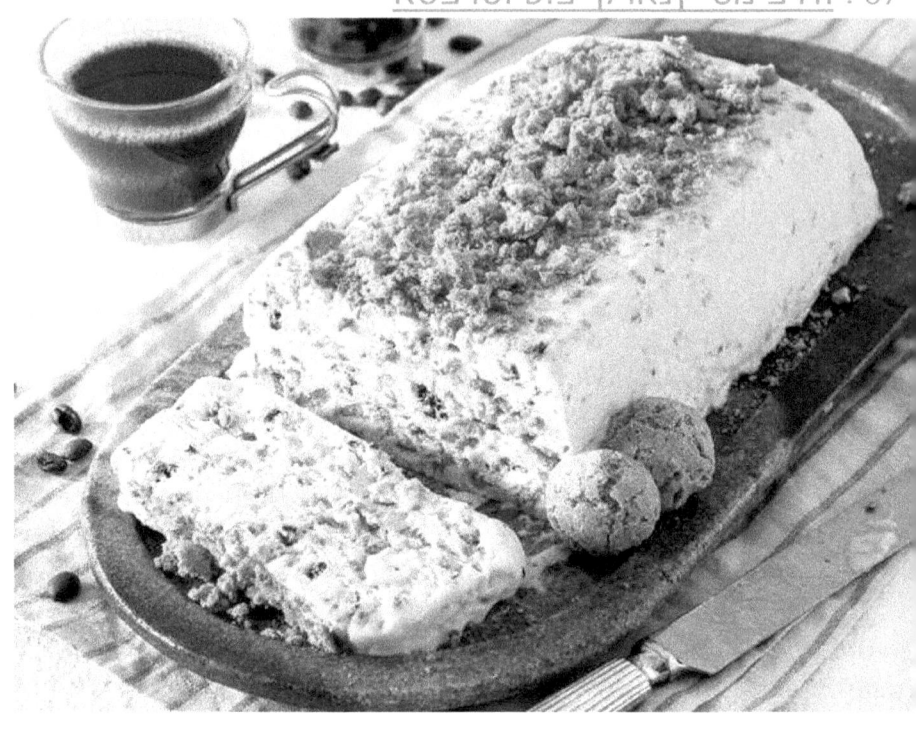

רכיבים:

- 4 חלמונים
- ½ כוס סוכר מגורען
- 1 כוס שמנת בבדה
- ¼ כוס אספרסו מבושל חזק, מקורר
- חצי כוס חתיכות טופי
- ¼ כוס פולי אספרסו בציפוי שוקולד מרוסק (לקישוט)

הוראות:

a) בקערת ערבוב גדולה, טורפים יחד את החלמונים והסוכר עד לקבלת קרם בהיר.

b) בקערה נפרדת מקציפים את השמנת הכבדה עד שנוצרות פסגות רכות.

c) מקפלים בעדינות את פיסות האספרסו והטופי המבושלים לתוך הקצפת.

d) מוסיפים בהדרגה את תערובת הקצפת לתערובת החלמונים, מקפלים בעדינות עד לקבלת תערובת אחידה.

e) יוצקים את התערובת לתבניות לחם או רמקינים אישיים ומפזרים פולי אספרסו מכוסים בשוקולד מרוסק.

f) מקפיאים לפחות 6 שעות או לילה.

g) להגשה, מוציאים מהמקפיא ונותנים לו לשבת בטמפרטורת החדר כמה דקות לפני שפורסים.

68 . ודרפימס דקש הקומ

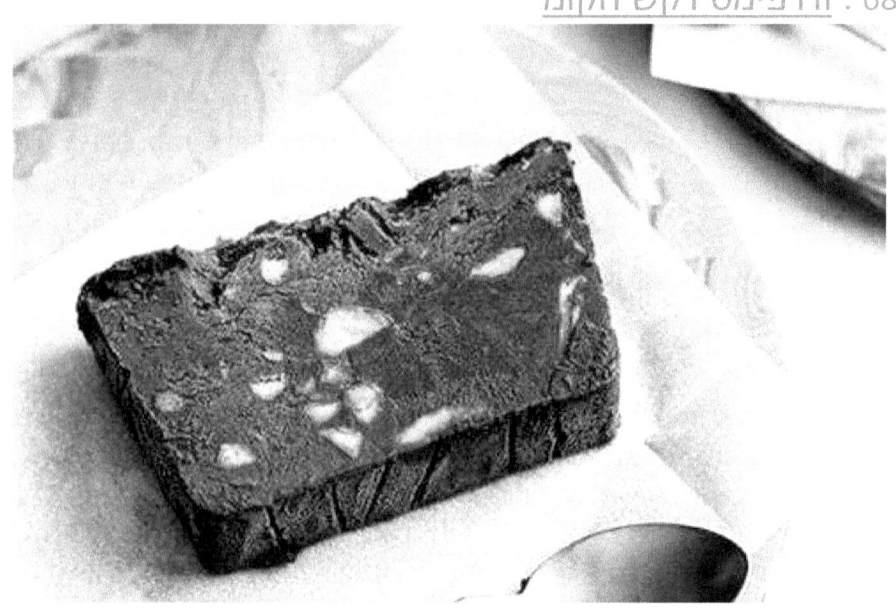

רכיבים:

1/4 כוס הפק מבושל חזק, מקורר
1 כף גרגירי הפק נמס
1 כוס שמנת בבדה
4 ביצים גדולות, מופרדות
1/4 כוס סוכר מגורען
1 כף תמצית וניל
1/2 כוס שקדים קצוצים, קלויים

הוראה:

ממסיסים בקערה הנטק את גרגירי הפקה הנמס בקפה המבושל לו ומניחים
להתקרר.
בקערת מיקסר מקציפים את החלמונים והסוכר עד לקבלת קרם בהיר.
מוסיפים באיטיות את הקפה המקורר לתערובת החלמונים תוך כדי טירוף המתמשך.
בקערה נפרדת מקציפים את השמנת המתוקה עד לנוווי שנוצרות פסגות רכות.
מקפלים בעדינות את הקצפה השהוקשדים הקצוצים לתוך תערובת הקפה.
בקערה נקייה מוסיפ תפסונ מקציפים את החלבונים עד שנוצרים פסגות וקשות.
מקפלים בעדינות את החלבונים הטרופים לתוך תערובת הקפה עד שלא נשארים
פסים.
יוצקים את התערובת לתבנית לחם או מקינים שישיים ומקפיאים ל-4 שעות לפחות
או ללילה.
מגישים על ידי חיתוך או גריסה של הפירג או סמיפרדו שקדי מוק.

161

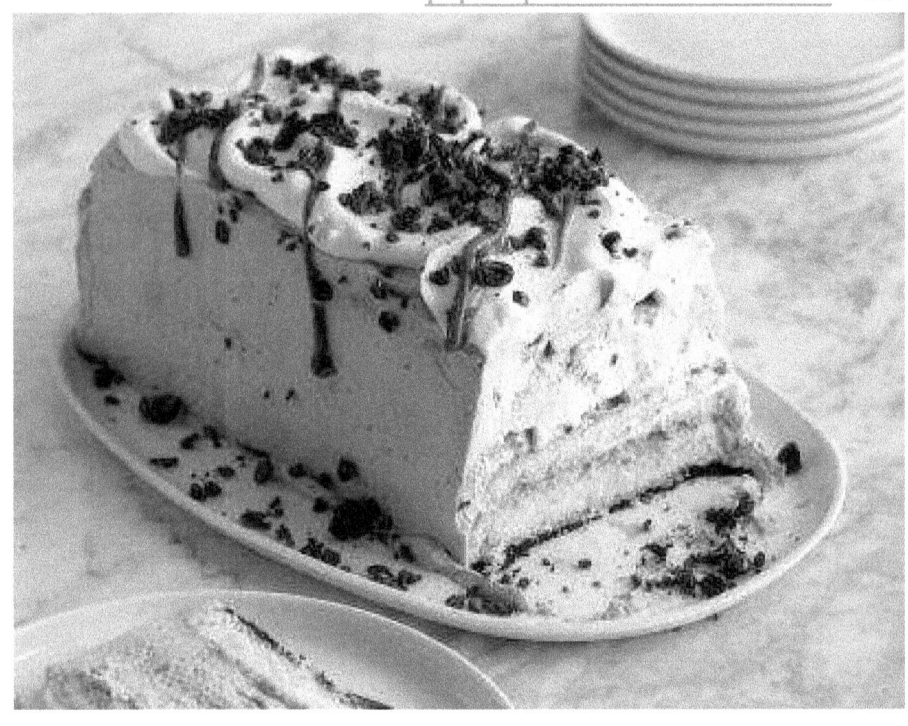

רכיבים:

1/4 כוס סוכר הפק מבושל חזק, מקורר
1 כף גרגירי הפק מנס
1 כוס שמנת בדבה
4 ביצים גדולות, מופרדות
1/4 כוס סוכר מגורען
1 כפית תמצית וניל
1/2 כוס קוקוס מגורר, קלוי
1/4 כוס רוטב למרק
הוראות:

מימסיסו בקערה הנטק את נתגי גרגירי הפקה מנס הפקב המבושל וחינמיו ול
להתקרר.
בקערת מיקסם רסקים את מחלמוני הסוהור עד לקבלת סרק בהיר.
הוסיפו בהדרגה את מחלמוני הסוהור עד רהתעבורה למקרור הפקה את רוח ידך תוך משתמשכת.
בקערה נפרדת הקצפו את השמנת ותמצית וניל עד לשונצרות פסגות תוכר.
מקפלים בעדינות את הקצפת וקוקוס המגורר לתוך קלוי הפקה
בקערה נקייה הטפסו מקציפים את החלבונים עד שנוצרים פסגות נוקשות.
מקפלים בעדינות את החלבונים הטרופים לתוך תערובת הפקה עד שלא נשארים
פסים.
יוצקים מחצית מתערובת הסמיפרדו לתבנית לחם סחם או רמקינים אישיים.
מטפטפים מחצית במרום למרקה על התערובת.
יוצקים מעל את יתרת התערובת הסמיפרדו ומטפטפים את בטור למרקה הנותר.
השתמשו בשיפוד או בסכין כדי לחרחר את בטור למרקה לתוך הסמיפרדו.
מקפיאים ל-4 שעות לפחות או לילה.
מגישים על ידי חיתור או חותכים לש הפירג ואת להטא הסמיפרדו קוקוס למרק.

רכיבים:

1/4 כוס אספרסו מבושל לחזק, מקורר
1 כוס שמנת בדבה
4 ביצים גדולות, מופרדות
1/4 כוס סוכר מגורען
1 כפית תמצית וניל
1/2 כוס שוקולד צ'יפס

הוראה:

בקערת מיקסר מקציפים את החלמונים והסוכר עד לקבלת קרם בהיר.
מוסיפים באיטיות את האספרסו והמצונן לתוך תערובת החלמונים תוך כדי טירוף
מתמשכת.
בקערה נפרדת מקציפים את השמנת ותמצית וניל עד שנוצרות פסגות רכות.
מקפלים בעדינות את הקצפת והשוקולד צ'יפס לתוך תערובת האספרסו.
בקערה נקייה מסופ מקציפים את החלבונים עד שנוצרים פסגות נוקשות.
מקפלים בעדינות את החלבונים הטרופים לתוך תערובת האספרסו עד שלא
נשארים פסים.
מקציפים את התערובת לתבנית לחם או למיכלים אישיים ומקפיאים ל-4 שעות לפחות או
או ללילה.
מגישים על ידי חיתוך או גירוף הפירה של שוקולד וסמפירד צ'יפס אספרסו.

165

רכיבים:

1/4 כוס סוכר הפך מבושל זהק, מקורר

1 כף גרגירי הפק מנס

1 כוס שמנת כבדה

4 ביצים גדולות, מופרדות

1/4 כוס סוכר מגורען

1 כפית תמצית וניל

1/4 כוס סיריפ מייפל

1/2 כפית קינמון טחון

1/4 כפית אגוז מוסקט טחון

הוראה:

ממיסים בקערה הנטן את גרגירי הפקה מנס הפקב המבושל לשובה ומניחים לו להתקרר.

בקערה מיקס מקסר את המחלומין והסוכר עד לקבלת קרם בהיר.

מצקים באיטיות את המקורה להפקה לתערובת המחלומין תוך כדי טירפ המתשכת.

בקערה נפרדת מקציפים את השמנת ותוצמית וניל עד לנוצרות פסגות רכות.

מקפלים בעדינות את הקצפת, סיריפ המייפל, הקינמון והטחה ואגוז מוסקט טחון לתוך תערובת הפקה.

בקערה הנייק נוסף מקציפים את החלבונים עד לנוצרות פסגות נוקשות.

מקפלים בעדינות את החלבונים הטרופים לתוך תערובת הפקה עד שלא נשארים פסים.

מקציפים את התערובת לתבנית לחם או תבנית מקריניס מקפיאים ומכקפיאים לשישיים ל-4 שעות לפחות או ללילה.

מגישים על ידי חיתוך או גירוף של הפירה חצי קפה מייפל מתובלב.

כרכיבים:

1/4 כוס סוכ הפק מבושל חזק, מקורר
1 כפ גרגירי הפק סמנ
1 סוכ שמנת בבדה
4 ביצים גדולות, מופרדות
1/4 כוס סוכר מגורען
1 כפית תמצית ונילי
1/2 סוכ חמאת בוטנינ שמנת
1/4 סוכ בוטנינ קצוצים, קלויים

הוראה:

ממיסים בקערה הנטק את גרגירי הפקה הפקב סמנה הפקה המבושל ומיניחים לו
להתקרר.
בקערת מיקסר מקציפים את החלמונים והסוכר עד לקבלת מרק בהיר.
יוצקים בזהירות את הפקה המקורר לתערובת החלמונים תוך כדי טריפ המתשכבת.
בקערה הנפרדת מקציפים את השמנת ומתצית ונילי עד שנוצרות פסגות רכות.
מקפלים בעדינות את הקצפת וחמאת הבוטנינ השמנת לתוך תערובת הפקה.
מערבבים פנימ את המ בוטנינ הקצוצים.
בקערה הניקי נוסנ תפספ מקציפים את החלבונינ עד שנוצרים פסגות נוקשות.
מקפלים בעדינות את החלבונינ הטרופים לתור תערובת הפקה עד שלא נשארים
פספ.
יוצקים את התערובת לתבנית לחם או מקנינ אישיים ומקפיאים ל-4 שעות לפחות
או ללילה.
מגישים על ידי חיתור או גריפ של הפירה או חמאת הבוטנינ מקום הספימרדו.

169

רכיבים:

- 4 ביצים גדולות, מופרדות
- ½ כוס סוכר מגורען
- ¼ כוס Asti Spumante (יין מבעבע איטלקי)
- 1 כוס שמנת בדבש
- 1 כף תמצית וניל
- פירות יער טריים, לקישוט (לא חובה)

הוראות:

a) בקערת ערבוב גדולה, טרופו יחד את החלמונים והסוכר עד לקבלת תערובת עבה וחלקה. התערובת הופכת לצהובה הבוהקת וחיוורת.

b) יוצקים בהדרגה את ה-Asti Spumante תוך כדי המשך הקצפה עד להטמעה מלאה.

c) בקערה נפרדת, מקציפים את השמנת והתמצית וניל עד שנוצרות פסגות נוקשות.

d) מקפלים בעדינות את הקצפת לתוך ורתערובת החלמונים עד לקבלת תערובת אחידה.

e) בקערה נקייה, נקי טפסון מקציפים את החלבונים עד שנוצרים פסגות נוקשות.

f) מקפלים בזהירות את החלבונים הטרופים לתוך התערובת עד להטמעה מלאה, שימו לב לא לרוקן את התערובת יותר מדי.

g) יוצקים את תערובת הסמיפרדו לתבנית או לתבניות בודדות. מחליקים את החלקה העליונה בעזרת מרית.

h) מכסים את התבנית או התבניות בניילון נצמד וממקסינים למקפיא לשעות 4 או עד שהן יציב.

i) כשמוכן להגשה, מוציאים את הסמיפרדו מהמקפיא ונותנים לו לשבת בטמפרטורת החדר במשך כמה דקות כדי להתרכך מעט.

j) חולפים את הסמיפרדו לכלי הגשה אישיים או פורסים אותו לנתונים.

k) מקשטים בפירות יער טריים, אם רוצים, וממגישים מיד.

l) תרצות ביתי! וזה הזה וקינוח אופק מגנע עם ורדיפרסמיתיהנו מ-Asti Spumante נוגע של ניצוץ איטלקי.

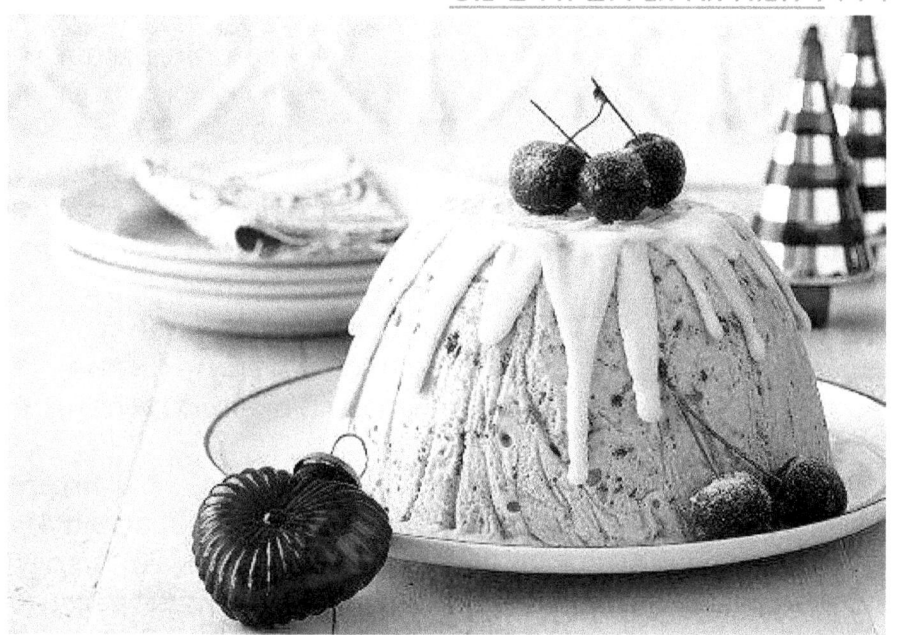

כריכים:

- 200 גרם פודינג חם מומלד, מפורר
- 4 ביצים גדולות, מופרדות
- 100 גרם סוכר מגורען
- 300 מ"ל שמנת בכדה
- 1 כף תמצית וניל
- ¼ כוס ברנדי או רום (לא חובה)
- ¼ כוס פירות יבשים מעורבים (כגון צימוקים, דומדמניות, קליפות מסוכרות),
  ספוגים בברנדי או רום (לא חובה)
- ¼ כוס אגוזים קצוצים, קליות (לא חובה)
- אבקת סוכר, לניקוי אבק קבה (לא חובה)
- פירות יער טריים או דובדבנים, לקישוט (לא חובה)

הוראות:

a) בקערת ערבוב גדולה, שלבו את חג פודינג המלומד המפורר, הפירות המיובשים (אם משתמשים) והאגוזים הקלויים (אם משתמשים). לְהַפְרִיש.

b) בקערת ערבוב גדולה נפרדת, מקציפים את החלמונים והסוכר יחד עד לקבלת קרם בהיר.

c) בקערה אחרת, מקציפים את השמנת הכבדה ותמצית הווניל עד שנוצרות פסגות רכות.

d) מקפלים בעדינות את התוניות לתפצקה לרוך תערובת החלמונים עד לקבלת תערובת אחידה.

e) אם רוצים, מוסיפים לתערובת את הברנדי או רום ומקפלים אותם פנימה.

f) בקערה נקייה ויבש השביו מקציפים את החלבונים עד שנוצרים פסגות נוקשות.

g) מקפלים בעדינות את החלבונים הטרופים לרוך תערובת השמנת עד לקבלת תערובת אחידה.

h) מקפלים פנימה את תערובת פודינג חג המולד המפורר עד לפיזור אחיד.

i) יוצקים את תערובת הסמפרדו לתבנית או לכלי הגשה אישיים. מחליקים את החלק העליון בעזרת מרית.

j) מכסים את התבנית או הכלים בניילון נצמד ומכניסים למקפיא למשך 6 שעות לפחות או לליל עד להתייצבות.

k) להגשה, מוציאים את הסמפרדו מהמקפיא ונותנים לו להתחמם בטמפרטורת החדר המכל דקות תוך כדי להכרתך טעם.

l) פורסים או חולפים את חצי פרדי של פודינג חג המולד ומשטשים באב קבה של פירורי סוכר ופירות יער טריים או דובדבנים, אם רוצים.

m) תהנו מהטעמים החגיגיים של פודינג חג המולד בסמפרדו היחוחיי והטעימים הזה!

174

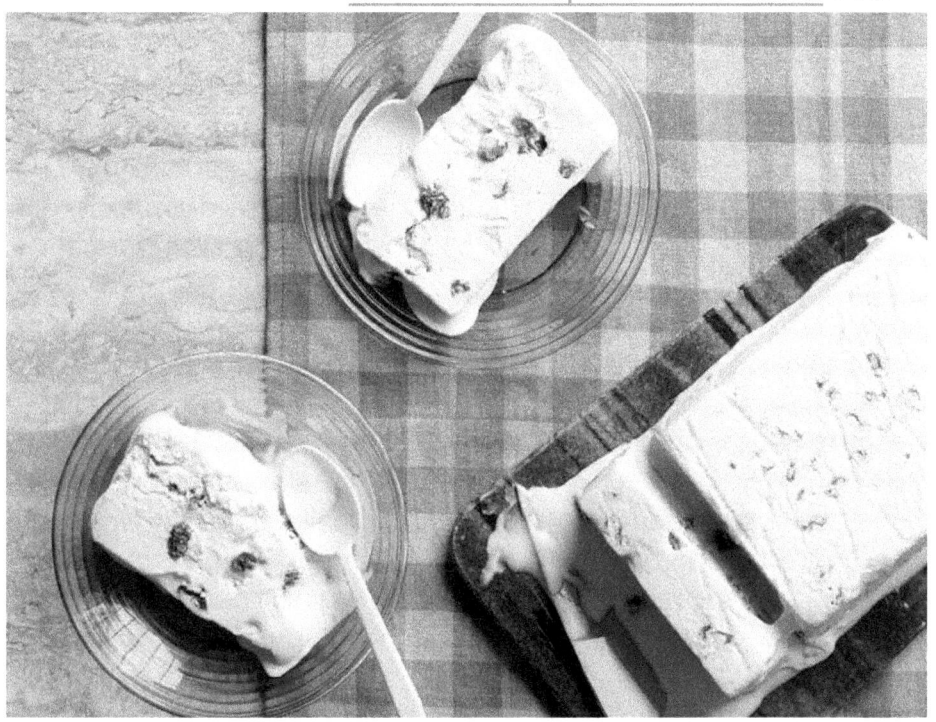

רכיבים:

- 1 כוס מחית ערמונים
- ½ כוס ציקומיקס מושרים ברום (מושרים לפחות שעה)
- 4 ביצים, מופרדות
- ½ כוס סוכר מגורען
- 1 כף תמצית וניל
- 1 כוס שמנת כבדה
- ¼ כוס ערמונים קצוצים (לא חובה, לקישוט)

הוראות:

a) בקערה נערב במעבבר את מחית הערמונים וציקומיקס ספוגים ברום. לְהַפְרִישׁ.

b) בקערה נערב גדולה נפרדת, מקציפים את החלמונים עם הסוכר וערן עד שהתערובת בהירה וקרמית.

c) מוסיפים את תמצית וניל לתערובת החלמונים וטורפים לאיחוד.

d) בקערה אחרת מקציפים את השמנת הכבדה עד שנוצרות פסגות רכות.

e) בקערה נקייה ויבשה מקציפים את החלבונים עד שנוצרים פסגות נוקשות.

f) מקפלים בעדינות את הקצפת לתוך תערובת החלמונים עד לקבלת תערובת אחידה.

g) לאחר מכן, מקפלים פנימה את החלבונים הטרופים, תוך הקפדה לא לקרוק את התערובת.

h) מוסיפים לתערובת הסמרפדו את תערובת הציקומיקס הספוגים בערמונים ומערב עד לקבלת תערובת בעדינות עד לקבלת מרקם אחיד.

i) יוצקים את התערובת לסמרפדו ולבתבנית או לכלי אטום, מחליקים את החלקה מעל בעזרת מרית.

j) מפזרים את הערמונים הקצוצים על החלקה העליון של הסמרפדו אם רוצים.

k) מכסים את המחבה או כימה לכימה בניילון נצמד, ואדו שהוא נוגע במשטח הגלי-דה. פרד כדי למנוע היווצרות גבישי קרח. מקפיאים ל-4 שעות לפחות או עד להתייצבות.

l) לאחר שהסמרפדו יצב, מוציאים אותו מהמקפיא ונותנים לו להשל בטמפרטורת החדר במשך כמה דקות כדי להקל מעט.

m) פורסים את הסמרפדו לנמנות ומגישים. אפשר מנה הציקומיקס ספוגים ברום נוספים או ערמונים קצוצים אם רוצים.

176

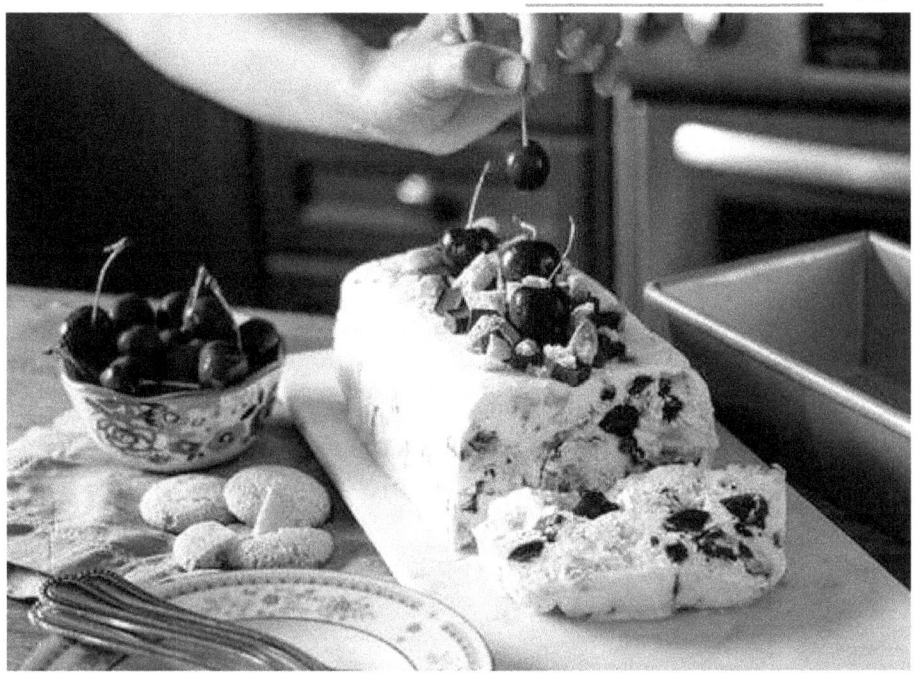

כרכיבים:

- 4 חלמונים
- ½ כוס סוכר מגורען
- 1 כוס שמנת בבדה
- ¼ כוס ליקר אמרטו
- 1 כוס דובדבנים, מגולענים וחצויים
- ¼ כוס עוגיות אמרטי מרוסקות (קישוט)

הוראות:

a) בקערת ערבוב גדולה, טרפו יחד את החלמונים והסוכר עד לקבלת קרם בהיר.

b) בקערה נפרדת מקציפים את השמנת עד הבכבה שנוצרות פסגות רכות.

c) מקפלים בעדינות את הליקר האמרטו והדובדבנים לתוך תערובת הקצפת.

d) מוסיפים בהדרגה את תערובת הקצפת לתערובת החלמונים, מקפלים בעדינות עד לקבלת תערובת אחידה.

e) יוצקים את התערובת לתבנית לחם או לתבנית רמקינים אישיים ומפזרים עוגיות אמרטי מרוסקות.

f) מקפיאים לפחות 6 שעות או ללילה.

g) להגשה, מוציאים אותו מהמקפיא ונותנים לו להתנונן בטמפרטורת החדר כמה דקות לפני חיתוך התבנית.

178

77 . ודרפימס םירק שירייא סילייב

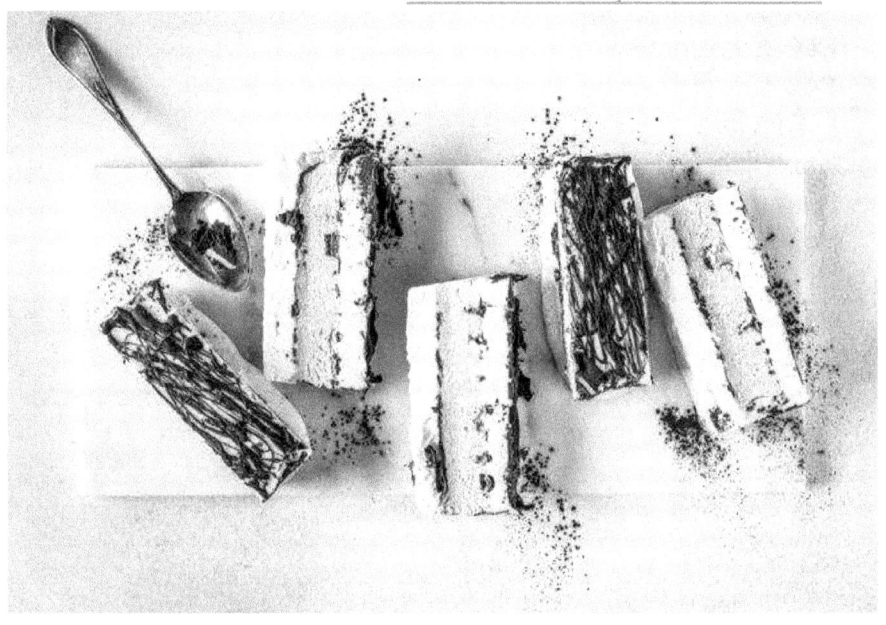

רכיבים:

1 כוס שמנת כבדה
4 ביצים גדולות, מופרדות
1/4 כוס סוכר מגורען
1 כפית תמצית וניל
1/4 כוס ליקר ביייליס איריש קרים

הוראות:

בקערת מיקסר מקציפים את החלמונים והסוכר עד לקבלת קרם בהיר.
בקערה נפרדת מקציפים את השמנת ותמצית הווניל עד שנוצרות פסגות רכות.
מקפלים בעדינות את הקצפת והאיריש קרים של ביייליס לתוך תערובת החלמונים.
בקערה נקייה נוספת מקציפים את החלבונים עד שנוצרות פסגות נוקשות.
מקפלים בעדינות את החלבונים הטרופים לתוך תערובת ביייליס עד שלא נשארים פסים.
יוצקים את התערובת לתבנית לחם או רמקינים אישיים מקפיאים ל-4 שעות לפחות או
ללילה.
מגישים על ידי חיתוך או גריפה של חצי פרדו של קרים האיריש של ביייליס.

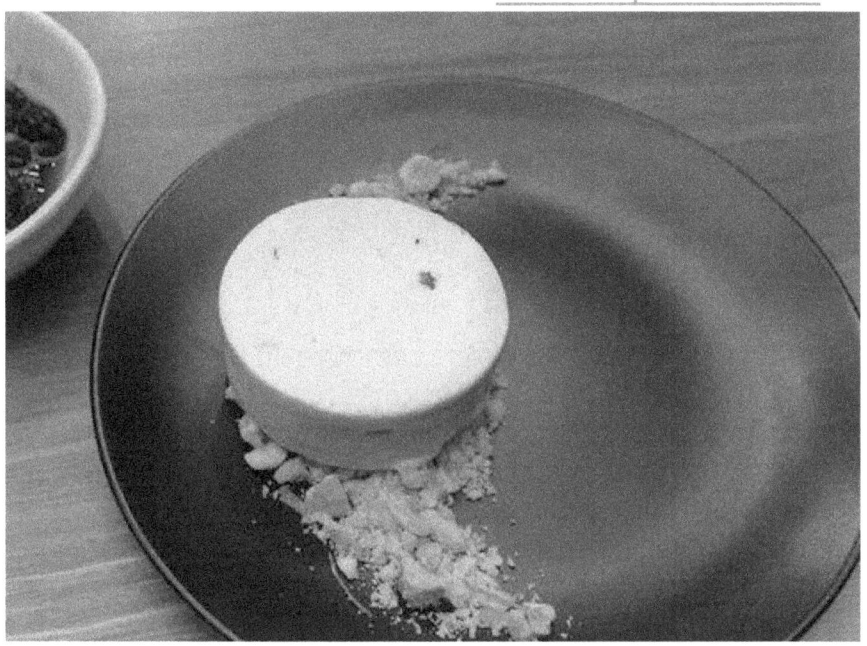

רכיבים:

1/4 כוס רום כהה
1/4 כוס צימוקים
1 כוס שמנת כבדה
4 ביצים גדולות, מופרדות
1/4 כוס סוכר מגורען
1 כפית תמצית וניל

הוראות:

לפחות 30 דקות למשך הכהה ברום הצימוקים את משרים קטנה בקערה.

בהיר קרם לקבלת עד והסוכר החלמונים את מקציפים מיקסר בקערת.

רכות פסגות שנוצרות עד הוניל ותמצית השמנת את מקציפים נפרדת בקערה.

תערובת לתוך (מהרום שמרוקנים) המושרים והצימוקים הקצפת את בעדינות מקפלים החלמונים.

נוקשות פסגות שנוצרות עד החלבונים את מקציפים נוספת נקייה בקערה.

שלא עד והצימוקים הרום תערובת לתוך הטרופים החלבונים את בעדינות מקפלים פסים נשארים.

או לפחות שעות 4-ל ומקפיאים אישיים רמקינים או לחם לתבנית התערובת את יוצקים ללילה.

וצימוקים רום חצי הוצאת או חיתוך ידי על מגישים.

רכיבים:

1/4 כוס ליקר קאלואה
1 כוס שמנת כבדה
4 ביצים גדולות, מופרדות
1/4 כוס סוכר מגורען
1 כפית תמצית וניל
1/2 כוס שוקולד צ'יפס

הוראות:

הכה בקערת מיקסר מקציפים את החלמונים והסוכר עד לקבלת קרם הביר.
רכות פסגות שנוצרות עד הווניל ותמצית השמנת את מקציפים נפרדת בקערה.
החלמונים תערובת לתוך צ'יפס והשוקולד הקלואה ליקר, הקצפת את בעדינות מקפלים.
נוקשות פסגות שנוצרים עד החלבונים את מקציפים נוספת נקייה בקערה.
עד צ'יפס והשוקולד החלואה החלבונים תערובת לתוך הטרופים החלבונים את בעדינות מקפלים פסים נשארים שלא.
או לפחות שעות 4-ל ומקפיאים אישיים רמקינים או לחם לתבנית התערובת את יוצקים ללילה.
צ'יפס ושוקולד קאלואה של פרדו חצי גריפת או חיתוך ידי על מגישים.

80 . ודרפימס ירשו וטרמא

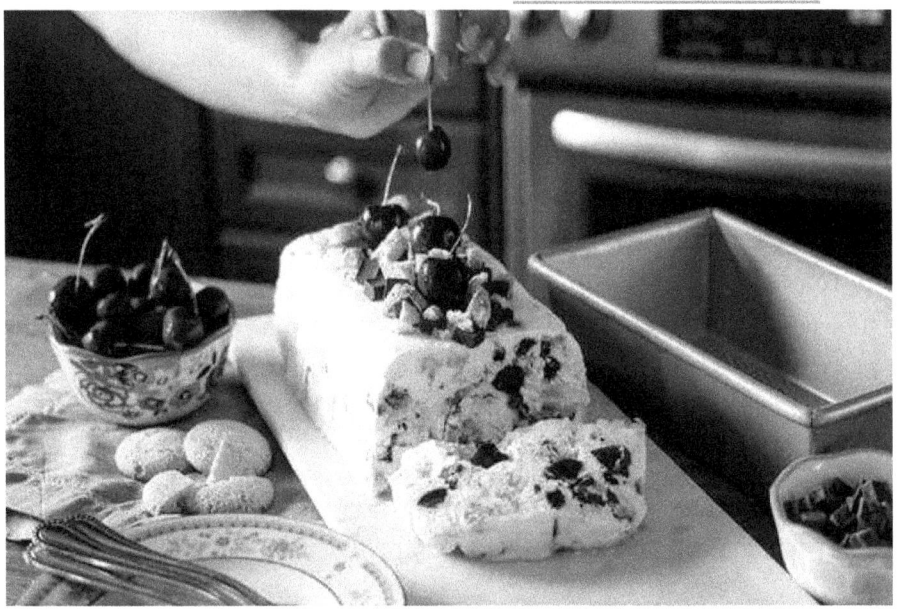

מיביכר:

אמרטו ליקר כוס 1/4
כבדה שמנת כוס 1
מופרדות ,גדולות ביצים 4
מגורען סוכר כוס 1/4
וניל תמצית כפית 1
(קפואים או טריים) קצוצים דובדבנים כוס 1/2

הוראות:

בהיר קרם לקבלת עד והסוכר החלמונים את מקציפים מיקסר בקערת.
רכות פסגות שנוצרות עד הווניל ותמצית השמנת את מקציפים נפרדת בקערה.
תערובת לתוך הקצוצים והדובדבנים האמרטו ליקר ,הקצפת את בעדינות מקפלים החלמונים.
נוקשות פסגות שנוצרים עד החלבונים את מקציפים נוספת נקייה בקערה.
שלא עד והדובדבנים האמרטו תערובת לתוך הטרופים החלבונים את בעדינות מקפלים פסים נשארים.
או לפחות שעות 4-ל ומקפיאים אישיים רמקינים או לחם לתבנית התערובת את יוצקים ללילה.
והדובדבנים האמרטו חצי של גריפה או חיתוך ידי על מגישים.

81 . ודרפימס הפק שירייא

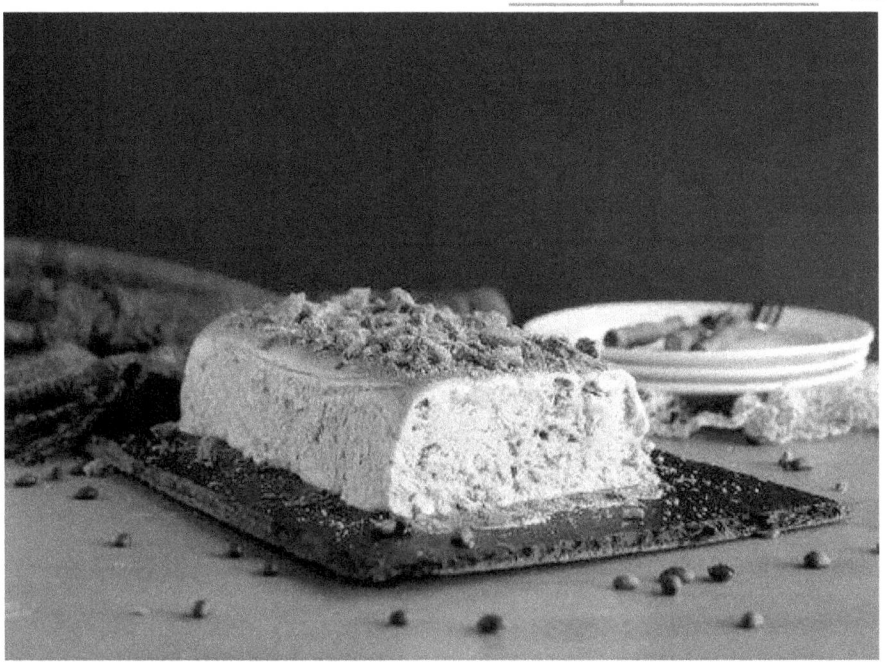

רכיבים:

1/4 כוס וויסקי אירי
1/4 כוס קפה מבושל חזק, מקורר
1 כף גרגירי קפה נמס
1 כוס שמנת כבדה
4 ביצים גדולות, מופרדות
1/4 כוס סוכר מגורען
1 כפית תמצית וניל

הוראות:

ממיסים בקערה קטנה את גרגירי הקפה הנמס בקפה המבושל ומניחים לו להתקרר.

בקערת מיקסר מקציפים את החלמונים והסוכר עד לקבלת קרם בהיר.

מוסיפים את הקפה המצונן והוויסקי האירי לתערובת החלמונים תוך כדי טריפה מתמשכת. מקציפים את הקפה את באיטיות יוצקים.

בקערה נפרדת מקציפים את השמנת ותמצית הוניל עד שנוצרות פסגות רכות.

מקפלים בעדינות את הקצפת לתוך תערובת הקפה והוויסקי.

בקערה נקייה נוספת מקציפים את החלבונים עד שנוצרים פסגות נוקשות.

מקפלים בעדינות את החלבונים הטרופים לתערובת עד שלא נשארים פסים.

יוצקים את התערובת לתבנית לחם או רמקינים אישיים ומקפיאים ל-4 שעות לפחות או ללילה.

מגישים על ידי חיתוך או גריפה של ה-Irish Coffee וסמיפרדו.

188

תאורסמיאסמואתוח בוקר בהשראת

82. פרפה סמיפרדו ויוגורט פרי

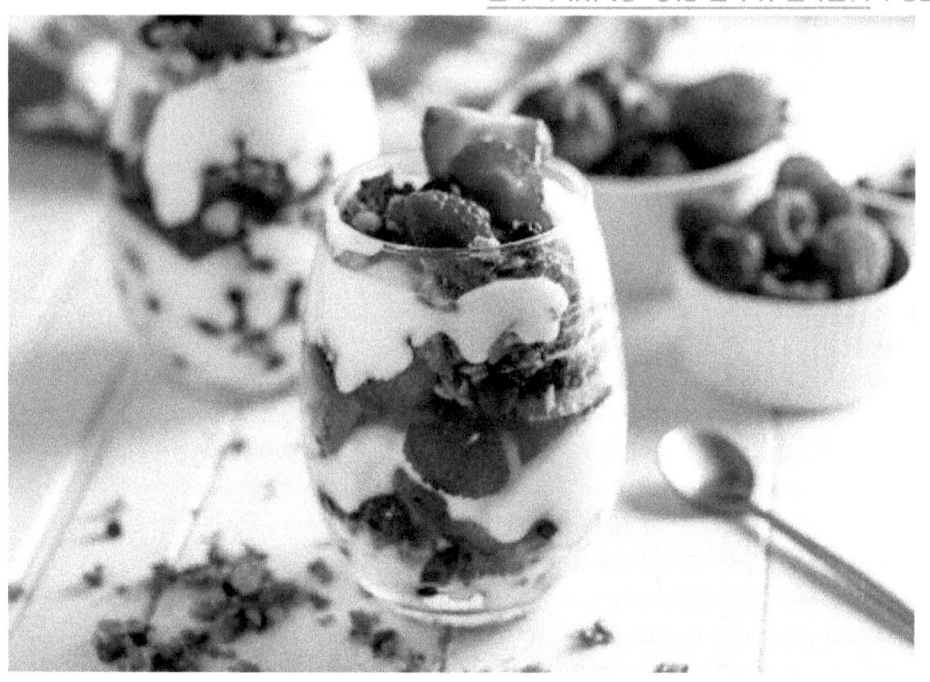

רכיבים:

1 כוס יוגורט יווני
2 כף שבד
1 כף תמצית נילי
1 כוס פירות טריים מעורבים (תותים, אוכמניות, פטל)
גרנולה לציפוי

הוראות:

בקערת ערבוב ערבבו את מעורבים היוגורט היווני, שבדה ותמצית הנילי. הוו מערבבים היטב.
מרפדים תבנית קטנה או כימ בניילון נצמד, ומאפשרים לעודפים לתלות על הקצוות.
זורקים מחצית מתערבות היוגורט לחמבת מפזרים אותה בצורה אחידה.
מפזרים מחצית מפירות העיר המעורבים על שכבת היוגורט.
חוזרים על הפעולה עם שכבה נוספת של יוגורט טריים ופירות ער.
מכסים את התבנית בניילון העודף ומקפיאים למשך שעתיים לפחות או עד להתייצבות.
מוציאים מהמקפיא ונותנים לו לשבל בטמפרטורת החדר במשך לכמה דקות.
מרימים את הסמיפרדו מהתבנית בעזרת ניילון הרזרת המהתבנית לפרוסיריר או לצלצור לצורות.
מגישים את הסמיפרדו פירות עיר היוגורט עם פיזור גרנולה מעל.

191

83 . שייק חמאת בוטנים ובננה סמיפרדו

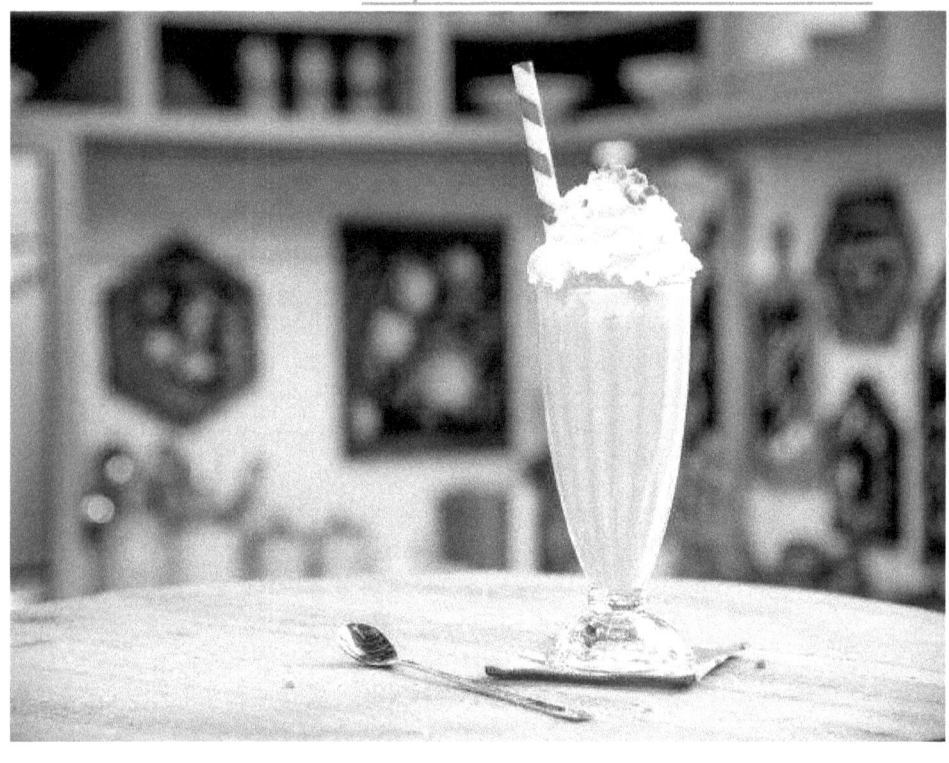

רכיבים:

1 בננה בשלה, קפואה
2 כפות חמאת בוטנים שמנת
1 כוס חלב לבחירה (חלבי או וא על בסיס צמחי)
1 כפית דבש (לא חובה)
קוביות קרח (לא חובה)
הוראות:

מערבבים בבלנדר את הבננה הקפואה, חמאת הבוטנים, החלב והדבש (אם משתמשים).
מערבבים עד לקבלת מרקם חלק וקרמי.
מוזגים את השייק לכוס.
אם רוצים, מוסיפים כמה קוביות קרח כדי שהשייק יהיה קר וסמיך יותר.
מגישים מיד את השייק חמאת הבוטנים והבננה צח פרדו.

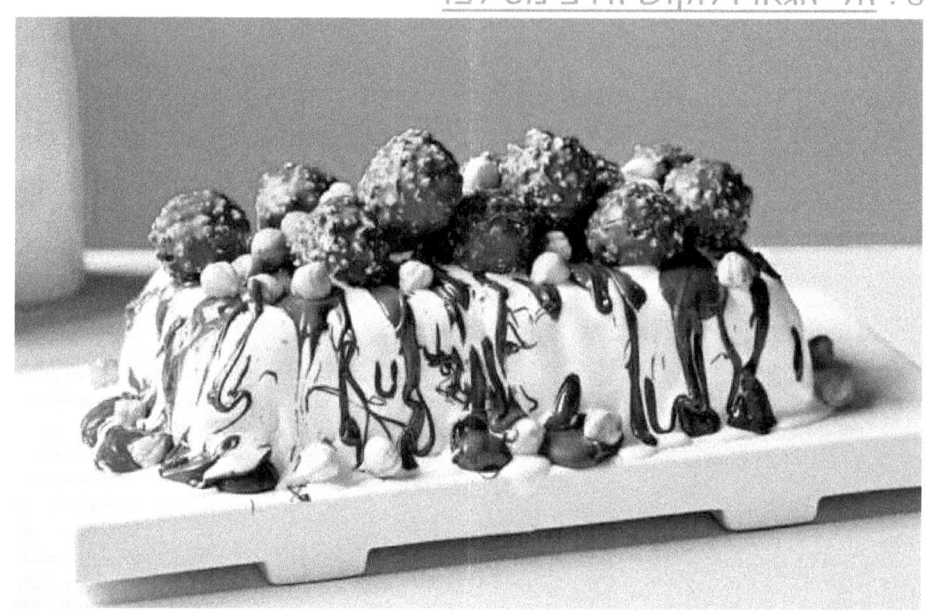

רכיבים:

1 כוס קמח לכל מטרה
2 כפות אבקת קקאו
1 כף סוכר מגורען
1 כפית אבקת אפייה
1/4 כפית מלח
1 כוס חלב
1/4 כוס שמן צמחי
ביצה 1 גדולה
1/2 כפית תמצית וניל
1/4 כוס אגוזי לוז קצוצים
ממרח אגוזי לוז שוקולד לציפוי

הוראה:

בקערת ערבוב, טורפים יחד את הקמח, הקקאו, אבקת הקקאו, הסוכר, אבקת האפייה והמלח.
בקערה אחרת, טורפים יחד את החלב, שמן צמחי, הציצה ותמצית וניל.
יוצקים את החומרים הרטובים לתוך החומרים היבשים ומערבבים רק עד שהם מתאחדים.
אין לערבב יתר על המידה.
מערבבים פנימה את אגוזי הלוז הקצוצים.
מחממים מגהץ וופל ומשמנים אותו קלות.
מורחים את בלילת הוופל על המגה ץ שחמום מראש ובמש ילי לפי הוראות היצרן.
לאחר הבישול, מוציאים את הוופל מהמגהץ ונותנים לו להתקרר מעט.
מורחים ממרח שוקולד לוז על גבי הוופל חם.
מגישים את הוופלים לחמי ציפוי שוקולד ואגוזי לוז.

195

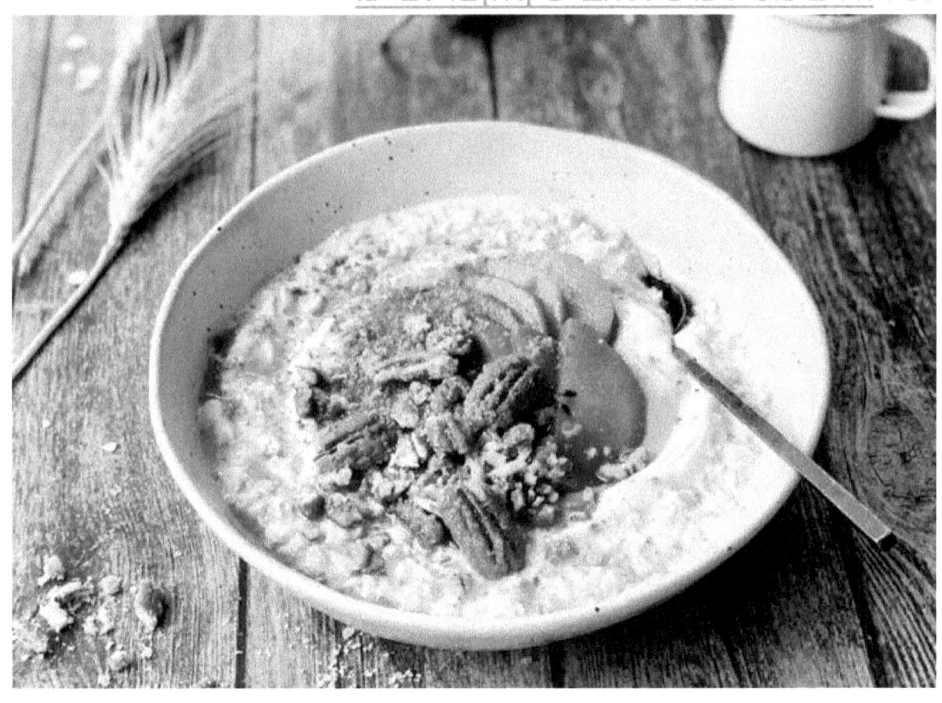

רכיבים:

1 כוס שיבולת שועל מגולגלת
2 כוסות חלב בלב לבחירה (חלבי או וא על בסיס צמחי)
2 כפות סירופ מייפל
1/4 כפית קינמון
1/4 כוס אגוזי פקאן קצוצים
פירות עץ ריר טריים לציפוי

הוראות:

מערבבים בסיר את שיבולת השועל, החלב, סירופ המייפל והקינמון.
מבשלים על אש בינונית, תוך ערבוב מדי פעם, עד שהשיבולת שועל מבושלת והתערובת
מסמיכה.
מסירים מהאש ומערבבים פנימה את הפקאנים הקצוצים.
מחלקים את שיבולת השועל לקערות.
למעלה עם פירות עץ טריים.
מגישים את שיבולת שועל של מייפל ופקאן סימפרד וחם המימה.

197

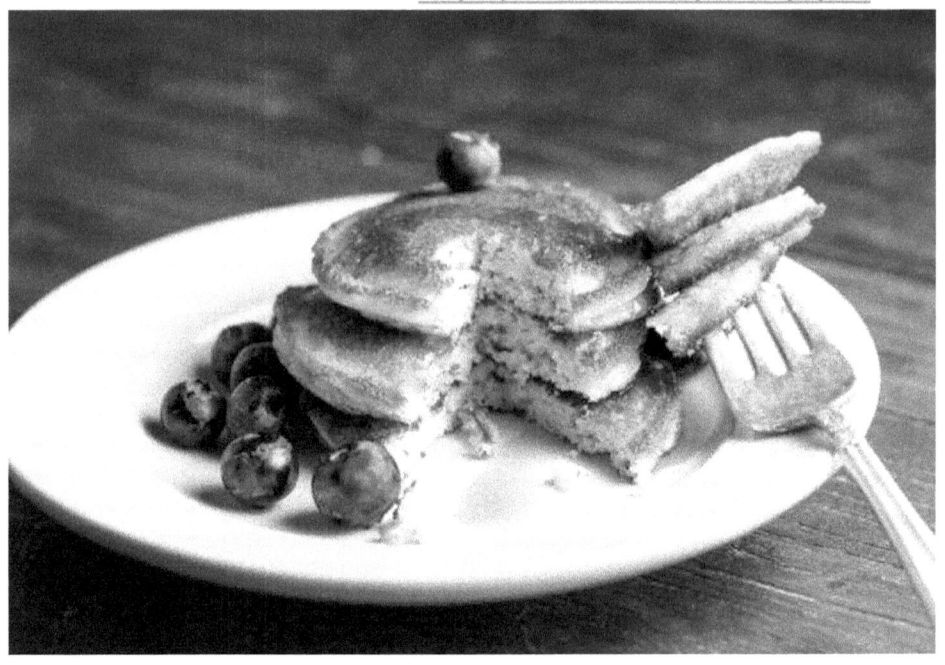

רכיבים:

1 כוס קמח לכל מטרה
2 כפות סוכר מגורען
2 כפיות אבקת אפיה
1/4 כפית מלח
1 כוס חלב
ביצה 1 גדולה
2 כפות חמאה מומסת
1/2 כפית תמצית שקדים
קוקוס מגורר לציפוי
שקדים פרוסים לציפוי
סירופ מייפל להגשה

הוראות:

בקערה ערבבו, טורפו יחד את הקמח, הסוכר, אבקת האפייה והמלח.
בקערה אחרת, טורפו יחד את הביצה, החלב, החמאה המומסת ותמצית השקדים.
יוצקים את החומרים הרטובים לתוך החומרים היבשים ומערבבים רק עד שהתאחדים.
אין לערבב יתר על המידה.
מחממים מראש מחבת טפלון או פם סיכה על אש בינונית.
שימו את בלילת הפנקייק על המחבת שמחמם מראש במושלים עד שנוצרות בועות על פני
השטח.
הופכים את הלביבות ומבשלים עד להזהבה בצד השני.
מוציאים את הלביבות המהתבנות ונותנים להן להתקרר מעט.
מעל הפנקייקים קוקוס מגורר ושקדים פרוסים.
מטפטפים סירופ מייפל.
מגישים את הלביבות הסמפירדו השקדים והקוקוס.

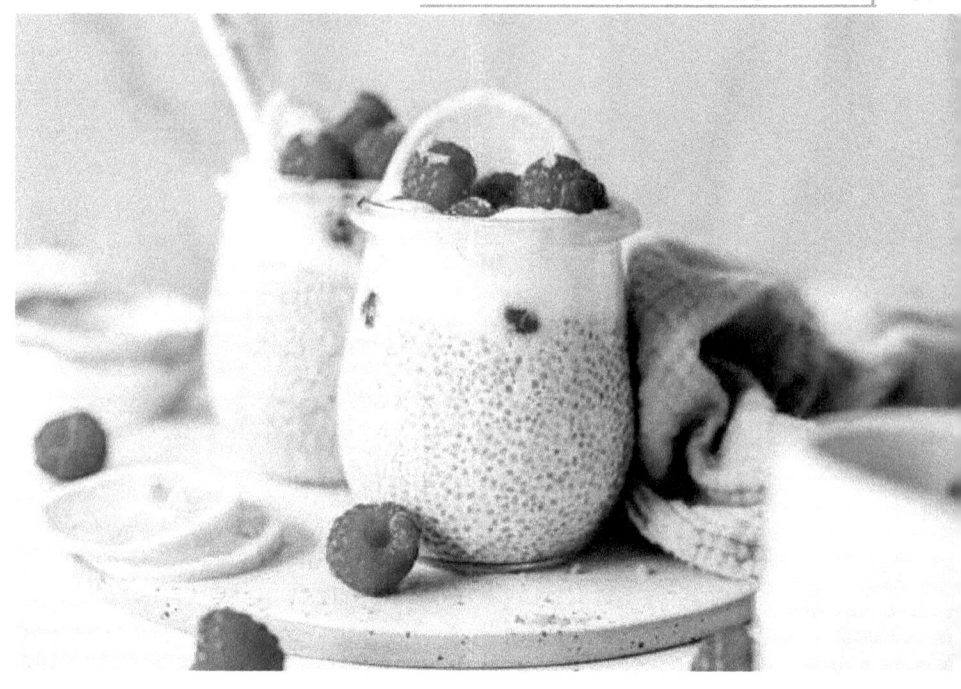

רכיבים:

1/4 כוס זרעי צ'יה
1 כוס חלב לבחירה (חלב בי או עז על בסיס צמחי)
1 כף דבש או סירופ מייפל
1 קליפה מגוררת מלימון
1/2 כוס פטל טרי
פרוסות לימון לקישוט
הוראה:

מערבבים בקערה את זרעי הצ'יה, החלב, הדבש או סירופ המייפל וגרידת הלימון.
מערבבים היטב לפיזור אחיד של זרעי הצ'יה.
נותנים לתערובת לשבת כדקות 5 ואז מערבבים שוב.
מכסים את הקערה במכסינים לשעתיים לפחות או לילה, עד שזרעי הצ'יה יספגו את
הנוזל ויצרו מרקם דומה לפודינג.
מוציאים את פודינג הצ'יה מהמקרר ומערבבים את הפנים אם הפטל הטרי.
מחלקים את פודינג הצ'יה סימפרד וליטו לפט ולימון לקערות הגשה.
מקשטים בפרוסות לימון.
מגישים את פודינג הצ'יה מצונן.

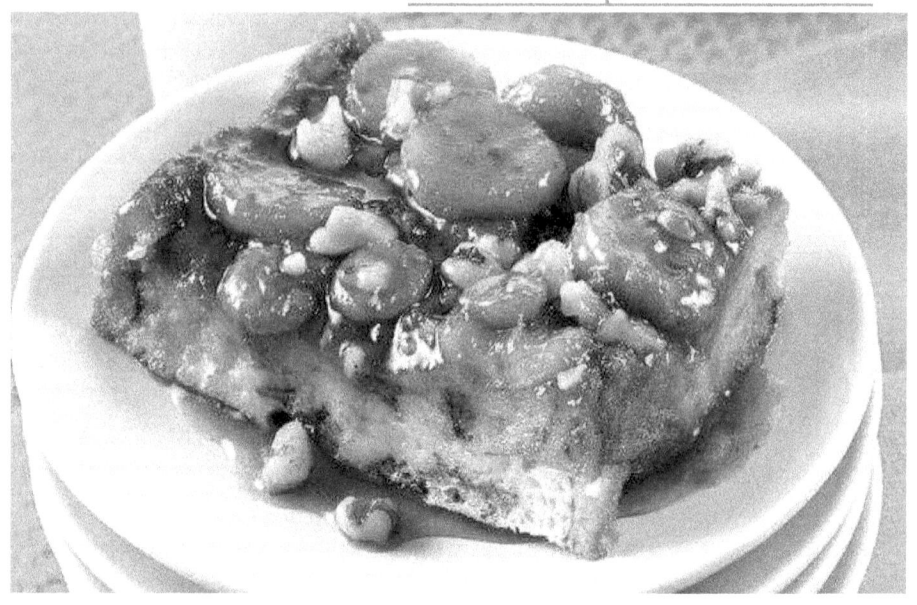

רכיבים:

4 פרוסות לחם (כמו בריוש או חלה)
2 ביצים גדולות
1/2 כוס חלב
1/2 כף תמצית וניל
1/4 כף קינמון
2 כף חמאה
2 בננות בשלות, פרוסות
2 כף סוכר חום
אגוזי מלך קצוצים לקישוט
סירופ מייפל להגשה

הוראות:

בצלחת רדודה, טרפו ביחד את הביצים, בלחה, תמצית וניל והקינמון.
טבלו כל פרוסת לחם בתערובת הביצים, תוך הקפדה על ציפוי שני הצדדים.
במחבת טפלון ממיסים את החמאה על אש בינונית.
מוסיפים את פרוסות הלחם למחבת ומבשלים עד להזהבה משני הצדדים.
מוציאים את הפרנץ' טוסט מהמחבת ומניחים בצד.
לאותה מחבת מוסיפים את הבננות הפרוסות ומפזרים סוכר חום.
מבשלים את הבננות עד לקרמל תוך ערבוב מדי פעם.
מניחים פרוסת פרנץ' טוסט על צלחת ומעלינו בננות מקורמלות.
מפזרים אגוזי מלך קצוצים.
מטפטפים סירופ מייפל.
מגישים את הפרנץ' טוסט המקורמל של הבננה והאגוזים למחצה חמימה.

ודרפימסמתאבנים בהשראת

Profiterolesסמיפרדוו . 89

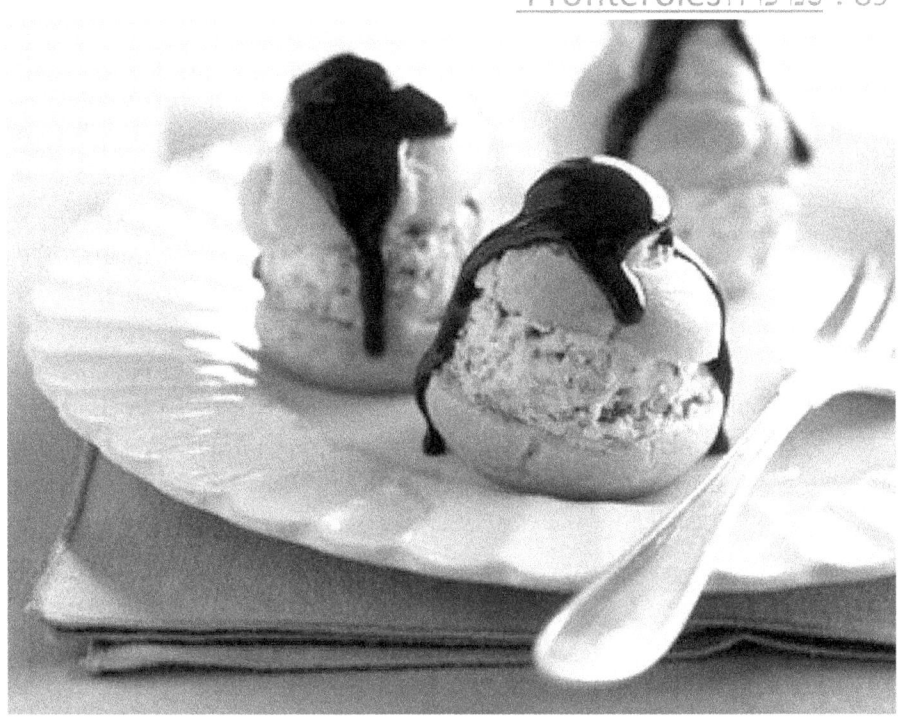

רכיבים:

עבור הפרופיליס:
- 1 כוס מים
- ½ כוס חמאה ללא מלח
- ¼ כפית מלח
- 1 כוס קמח לכל מטרה
- 4 ביצים גדולות

ודרפימלסמילוי:
- 2 כוסות שמנת בבדה
- ½ כוס אבקת סוכר
- 1 כפת תמצית וניל

לרוטב השוקולד:
- 4 אונקיות שוקולד מריר, קצוץ
- ½ כוס שמנת בבדה
- 2 כפות סוכר מגורען
- 1 כף חמאה ללא מלח

הוראות:

a) חממו את התנור ל-425 מעלות צלזיוס (220 מעלות צלזיוס). מרפדים תבנית בנייר אפייה.

b) מערבבים בסיר את המים, החמאה והמלח. מביאים את התערובת להרתיחה על אש בינוני.

c) מנמיכים את האש לנמוך ומוסיפים את הקמח בבת אחת. מערבבים נמרצות עם כף עץ עד שהתערובת יוצרת כדור ומתחרטת מדפנות המחבת.

d) מסירים את המחבת מהחום ונותנים לבצק להתקרר למשך כדקה.

e) טורפים את הביצים בקערה נפרדת. מוסיפים אותם לבצק בהדרגה, תוך כדי ערבוב טוב לאחר כל הוספה, עד שהבצק הופך חלק ומבריק.

f) מעבירים את הבצק לשק זילוף עם קצה עגול גדול.

g) מעבירים תלוליות קטנות של בצק על תבנית האפייה המוכנה, ומרווחים ביניהם כמה סנטימטרים זה מזה.

h) אופים את הפרופיטרולים בתנור מחומם מראש במשך 15 דקות, ולאחר מכן מנמיכים את החום ל-375 מעלות צלזיוס (190 מעלות צלזיוס) ואופים במשך 10-15 דקות נוספות, או עד שהם מזהיבים.

i) מוציאים את הפרופיטרולים מהתנור ומניחים להם להתקרר על גרמי רשת.

j) בקערה מיקסר מקציפים את השמנת בבדה, אבקת הסוכר ותמצית הוניל עד שנוצרות קצף נוקשה. זה יהיה מילוי הסמפרפ.

k) חותכים את הפרופיטרולים לשניים אופקית. כף או ניצרו את מלית הסמפרפ לתוך החצי התחתון של כל פרופיטרול.

206

l) הנה את המחציתית העליונה של כל פרופיטורל בחזרה, לחץ בעדינות כדי לסבר
    אותם יחד.

m) מניחים את הפרופיטורלים הממלואים על תבנית עם נייר אפייה ומקפיאים
    לשעתיים חלפות, או עד שמלית הסמפרדו יציבה.

n) בזמן שהפרופיטורלים קופאים, מכינים את בטור השוקולד. בריס קטן מחממים
    את המשמנת הכבדה והסוכר על אש בינוני עד שמתחיל להבתשל.

o) מערבבים את הסיר מהאש ומוסיפים את חתיכי השוקולד המוחמאה הקצוצים.
    עד שהשוקולד והמוחמאה נמסים והתערובת חלקה.

p) נותנים לבטור השוקולד להתקרר מעט.

q) כשמוכנים להגשה, מוציאים את הפרופיטורלים המהקמאי מוסדרים אותם על
    צלחת הגשה. מטפטפים את בטור מעל השוקולד.

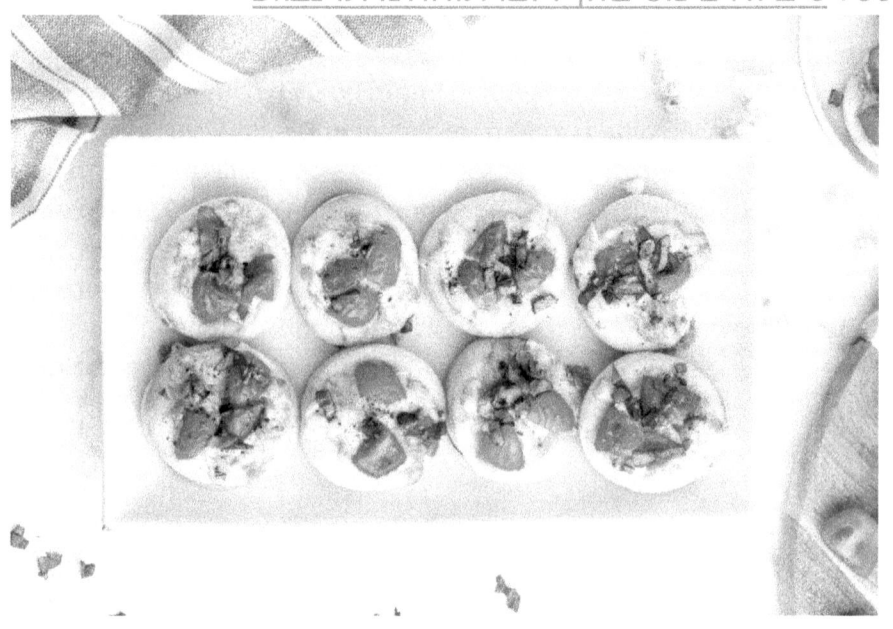

רכיבים:

2 כוסות עגבניות שרי, חצויות
1 כוס שמנת גבינת
1/4 כוס בזיליקום טרי קצוץ
מלח ופלפל לפי הטעם
להגשה קרוסטיני או קרקרים

הוראות:

מערבבים את גבינת השמנת, הבזיליקום הקצוץ, המלח והפלפל. ומערבבים במעבד מזון עד לקבלת תערובת חלקה.
מאפשרים לעודפים לתלות על הקצוות. נצמד בניילון מיכל או קטנה תבנית מרפדים.
מסדרים את חצאי עגבניות השרי בשכבה אחת בתחתית התבנית.
יוצקים את תערובת גבינת השמנת על העגבניות, מפזרים אותה בצורה אחידה.
מכסים את התבנית בניילון העודף ומקפיאים למשך שעתיים לפחות או עד להתייצבות.
מוציאים מהמקפיא ונותנים לו לשבת בטמפרטורת החדר לכמה דקות.
מרימים את הסמיפרדו מהמחבת בעזרת הניילון ופורסים לריבועים בגודל ביס.
מגישים את נגיסי חצי העגבניות והבזיליקום על קרקרים או קרוסטיני.

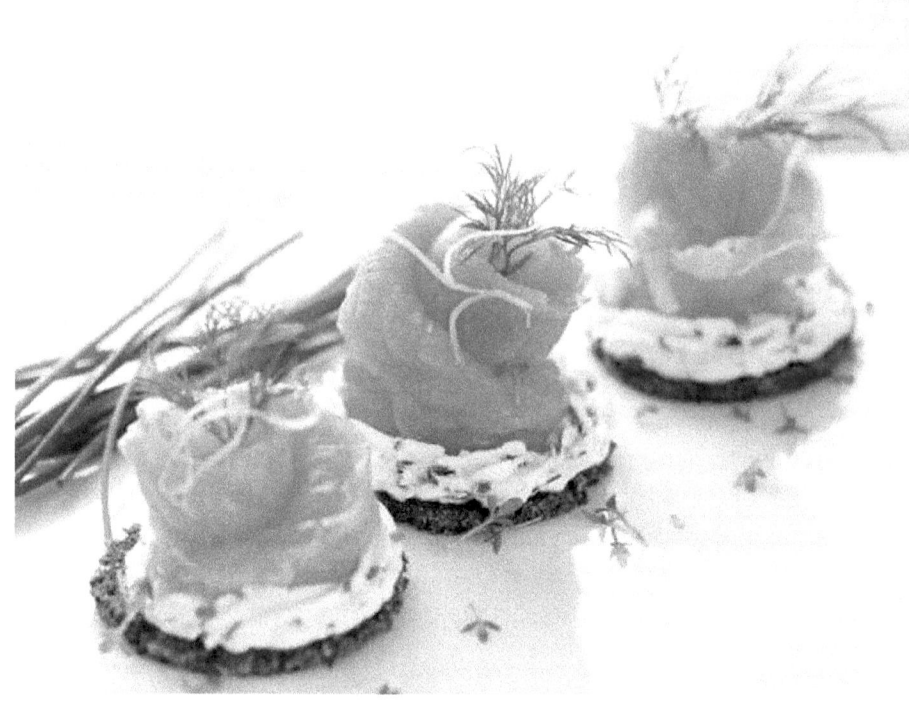

:מיביכר

דק קצוץ ,מעושן סלמון כוס 1
שמנת גבינת כוס 1
קצוץ טרי שמיר כפות 2
1 מלימון מגוררת קליפה
הטעם לפי ופלפל מלח
להגשה טוסטים מיני או פרוס מלפפון

הוראות:

גרידת ,הקצוץ השמיר ,השמנת גבינת ,המעושן הסלמון את מערבבים ערבוב בקערת
היטב מערבבים .והפלפל המלח ,הלימון.
הקצוות על לתלות לעודפים ומאפשרים ,נצמד בניילון מיכל או קטנה תבנית מרפדים.
המחבת לתוך שווה באופן הסלמון תערובת את מורחים.
להתייצבות עד או לפחות שעתיים למשך ומקפיאים העודף בניילון התבנית את מכסים.
דקות לכמה החדר בטמפרטורת לשבת לו ונותנים מהמקפיא מוציאים.
לריבועים או דקות לפרוסות ופורסים הניילון בעזרת מהמחבת הסמיפרדו את מרימים
קטנים.
טוסטים מיני או פרוס מלפפון על פרדו חצי והשמיר המעושן הסלמון את מגישים.

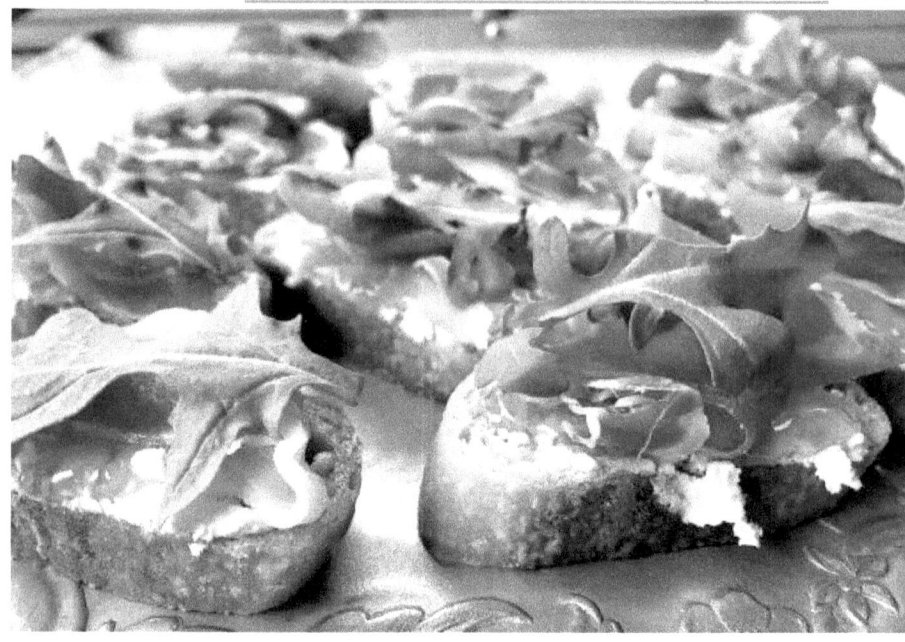

מיביכר:

עיזים גבינת כוס 1
כבדה שמנת כוס 1/2
דק פרוסות ,פרושוטו פרוסות 4
לקישוט טריים טימין עלי
קלויות ,באגט פרוסות

הוראות:

מרקם לקבלת עד מקציפים .הכבדה והשמנת העיזים גבינת את מערבבים ערבוב בקערת
.וקרמי חלק
.הקצוות על לתלות לעודפים ומאפשרים ,נצמד בניילון מיכל או קטנה תבנית מרפדים
פרוסות של שכבה ואחריה ,המחבת לתוך העיזים גבינת מתערובת מחצית שכבו
.ופרושוטו עיזים גבינת של נוספת שכבה עם הפעולה על חוזרים .פרושוטו
.להתייצבות עד או לפחות שעתיים למשך ומקפיאים העודף בניילון התבנית את מכסים
.דקות לכמה החדר בטמפרטורת לשבת לו ונותנים מהמקפיא מוציאים
.קטנים לריבועים ופורסים הניילון בעזרת מהתבנית הסמיפרדו את מרימים
.קלויות בגט פרוסות על עיזים וגבינת פרושוטו של הסמיפרדו ריבועי את מניחים
.ומגישים טריים טימין בעלי מקשטים

93 . ברוסקטה של פלפל אדום ופטה סמיפרדו

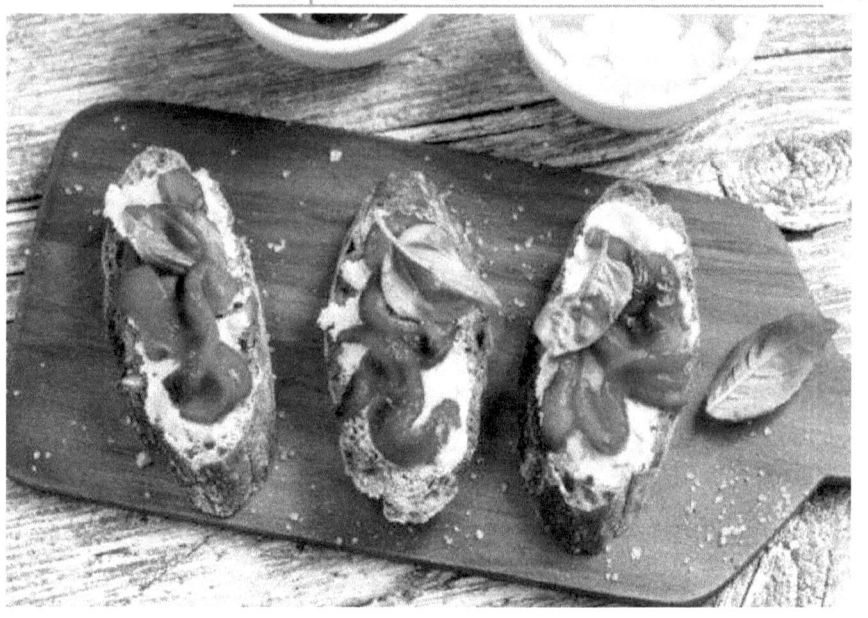

כריבים:

1 כוס גבינת פטה, מפוררת
1/2 כוס שמנת כבדה
1/4 כוס פלפלים אדומים קלויים, קצוצים
2 כפות פטרוזיליה טרייה קצוצה
פרוסות באגט, קלויות

הוראות:

מערבבים בקערת את גבינת הפטה והשמנת הכבדה. מקציפים עד לקבלת מרקם
חלק וקרמי.
מערבבים פנימה את הפלפלים האדומים הקלויים והפטרוזיליה הקצוצה.
יוצקים את תערובת גבינת הפטה למחבת, מפזרים אותה בצורה אחידה.
מרפדים תבנית קטנה או מיכל בניילון נצמד, ומאפשרים לעודפים לתלות על הקצוות.
מכסים את התבנית בניילון העודף ומקפיאים למשך שעתיים או לפחות עד להתייצבות.
מוציאים מהמקפיא ונותנים לו לשבת בטמפרטורת החדר לכמה דקות.
מרימים את הסמיתבנית בעזרת הניילון ופורסים לריבועים קטנים.
מניחים את ריבועי הפלפל האדום והסמיפרדו על פטה הקלוי פרוסות באגט קלויות.
מגישים כמתאבנים ברוסקטה.

רכיבים:

1 כוס גבינה כחולה, מפוררת
1/2 כוס שמנת כבדה
1/4 כוס אגוזי מלך קצוצים
עלי אנדיב להגשה

הוראות:

ערבבו בקערת מיקסר את הגבינה הכחולה והשמנת הכבדה. הקציפים עד לקבלת
מרקם חלק וקרמי.

ערבבו פנימה את אגוזי המלך הקצוצים.

מרפדים תבנית קטנה או מיכל בניילון נצמד, ומאפשרים לעודפים לתלות על הקצוות.
יוצקים את תערובת הגבינה הכחולה למחבת, מפזרים אותה בצורה אחידה.

מכסים את התבנית בניילון העודף ומקפיאים למשך שעתיים לפחות או עד להתייצבות.

מוציאים מהמקפיא ונותנים לו לשבת בטמפרטורת החדר לכמה דקות.

מרימים את הסמיכבנית מהתבנית בעזרת הניילון ופורסים לריבועים קטנים.

מניחים ריבוע של גבינה כחולה ואגוזי מלך סמיכפרדו על כל עלה אנדיב.

מגישים כמתאבן מסוגנן מלא וטעם.

95 . ודרפימס תדילג

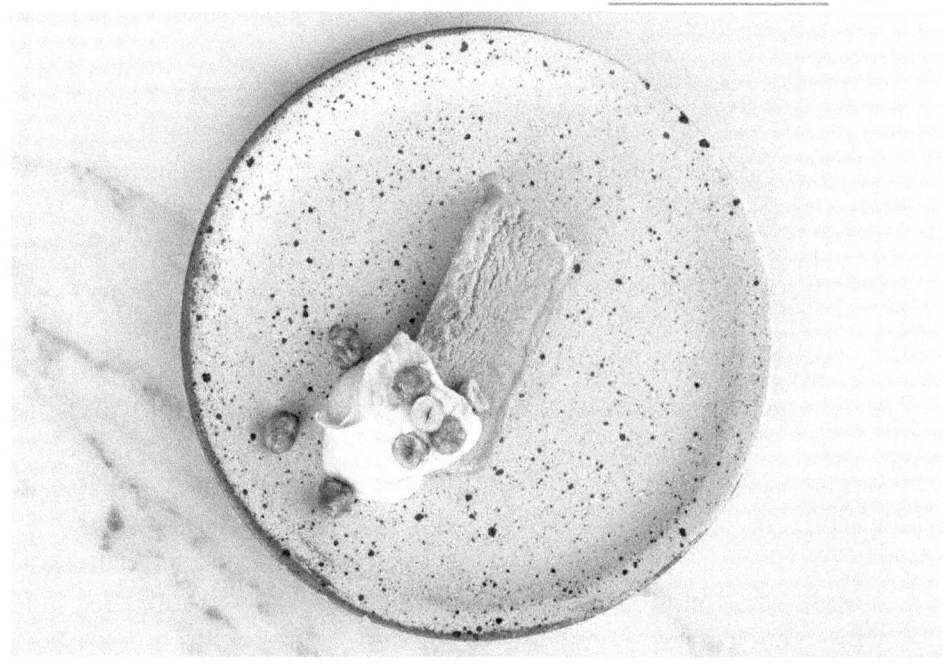

רכיבים:

- 4 ביצים גדולות, מופרדות
- ½ כוס סוכר מגורען
- 1 כפית תמצית וניל
- 2 כוסות שמנת כבדה
- חומרי טעם וריח לבחירה: שוקולד צ'יפס, מחית פירות, רוטב קרמל וכו'.

הוראות:

a) בקערת ערבוב, טורפים יחד את החלמונים, הסוכר ותמצית הווניל עד שהתערובת הופכת חיוורת וקרמימית.

b) בקערה נפרדת מקציפים את השמנת הכבדה עד שנוצרות פסגות רכות.

c) מקפלים בעדינות את הקצפת לתוך תערובת החלמונים עד לקבלת תערובת אחידה.

d) בקערה נקייה נוספת מקציפים את החלבונים עד שנוצרים פסגות נוקשות.

e) מקפלים בזהירות את החלבונים המוקצפים לתוך תערובת השמנת והחלמונים, מקפידים לא לרוקן את התערובת יותר מדי.

f) בשלב זה ניתן להוסיף את חומרי הטעם הרצויים כמו שוקולד צ'יפס, מחית פירות, רוטב קרמל או כל מרכיב אחר שתעדיפו. מקפלים אותם בעדינות לתוך התערובת.

g) יוצקים את תערובת הסמיפרדו לכלי אטום או לתבנית. מחליקים את החלק העליון בעזרת מרית.

h) מכסים את המיכל או התבנית בניילון נצמד ומקפיאים למשך 4 שעות לפחות, או עד להתייצבות.

i) כשמוכנים להגשה, הוציאו את גלידת הסמיפרדו מהמקפיא ונותנים לה לשבת בטמפרטורת החדר למשך כמה דקות כדי להתרכך מעט.

j) גרפו את גלידת הסמיפרדו לקערות או קונוסים ותהנו!

96. עוגיות וקרם סמיפרדו פאי

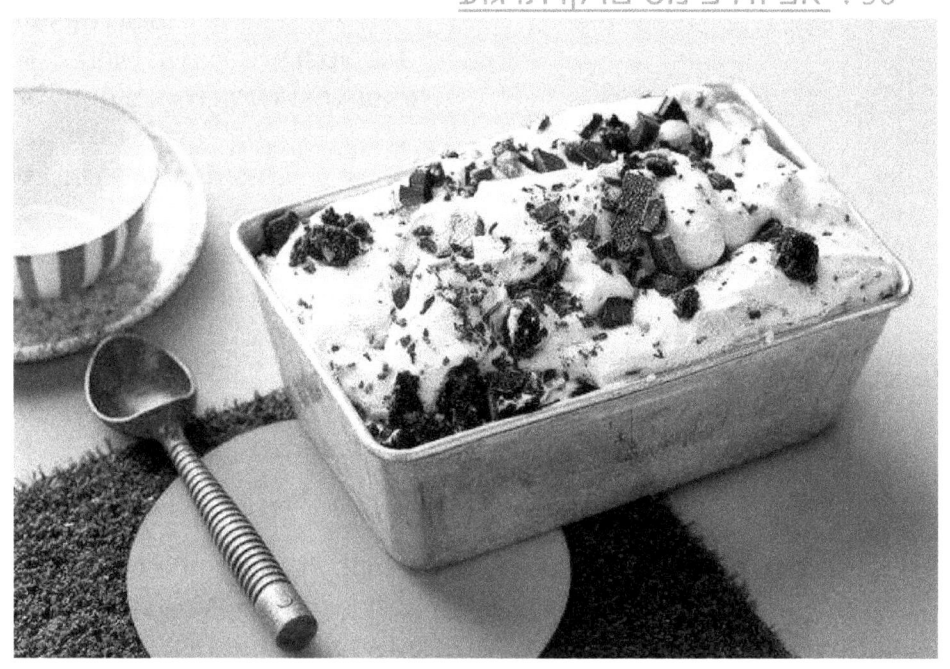

כרביבים:

עבור קרוסט:
- 1 ½ כוסות פירורי עוגיות שוקולד
- 6 כפות חמאה ללא מלח, מומסת

פרדיסמלימיולו:
- 2 כוסות שמנת כבדה
- חפת תחא (14 אונקיות) חלב מרוכז ממותק
- 1 כפית תמצית וניל
- 12 עוגיות סנדוויץ' שוקולד, קצוצות גס

טלופינג:
- 1 כוס שמנת כבדה
- 2 כפות אבקת סוכר
- עוגיות כריך שוקולד נוספות, מרוסקות (לקישוט)

הוראות:

a) דע מומסת האמחהו שוקולדה עוגיות פירורי את מערבבים בינוני בקערה הרעק בקערה שהפירוריים רטביים בצורה הרוצה אחידה.

b) המדקיה את התערובת לתחתית עמ לצדדים של תבנית פאי בגודל 9 אינץ'. השתמשו בגב של כף או או תחתית סוס מדידה כדי לחלל את הפירורים בחוזקה. מניחים את הקרוסט במקרר לצינן או וזמן מזין שאתם מכינים את המילוי.

c) בקערת ערבוב גדולה, מקציפים את השמנת הכבדה עד שנוצרות פסגות רכות. היזהרו לא להקציף.

d) בקערה נפרדת, טורפים יחד את החלב המרוכז הממותק ותמצית הוניל.

e) מקפלים בעדינות את תערובת החלב המרוכז לתוך הקצפת עד לקבלת תערובת אחידה.

f) מוסיפים לתערובת את עוגיות הסנדוויץ' השוקולד הקצוצות ומקפלים אותן פנימה בעדינות.

g) יוצקים את מילת הסמפרדו לתוך קרוסה מוכן, מחליקים את החלקה העליון בעזרת מרית.

h) כדי למילוי שאום שהטשת של כפני עגו שאום גוב פנים מכסים את הפאי בניילון נצמד, מוודאים שהוא באי מקפיא אותו במקפיא למשך 6 שעות לפחות או למשך הלילה עד מתצית.

i) לפני ההגשה מכינים את סופות הקצפת. בקערת ערבוב גדולה קוננת, מקפיאים את השמנת הכבדה ואבקת הסוכר עד לקבלת קצף נוקשה.

j) מוציאים את הפשטידי מהמקפיא וותנינו הל לשבל בטמפרטורת החדר המכ. מורחים את הקצפת על פני העליון של הפאי דקות כדי להרתך כעם. מורחים את הקצפת על העליון של הפאי.

k) מפזרים עוגיות סנדוויץ' שוקולד מרוסק עמל סופות הקצפת בקישוט.

l) פורסים מגישים את הפשטידת העוגיות והקרקה סמפרדו.

222

97 . עוגת גבינה סמיפרדו ליים

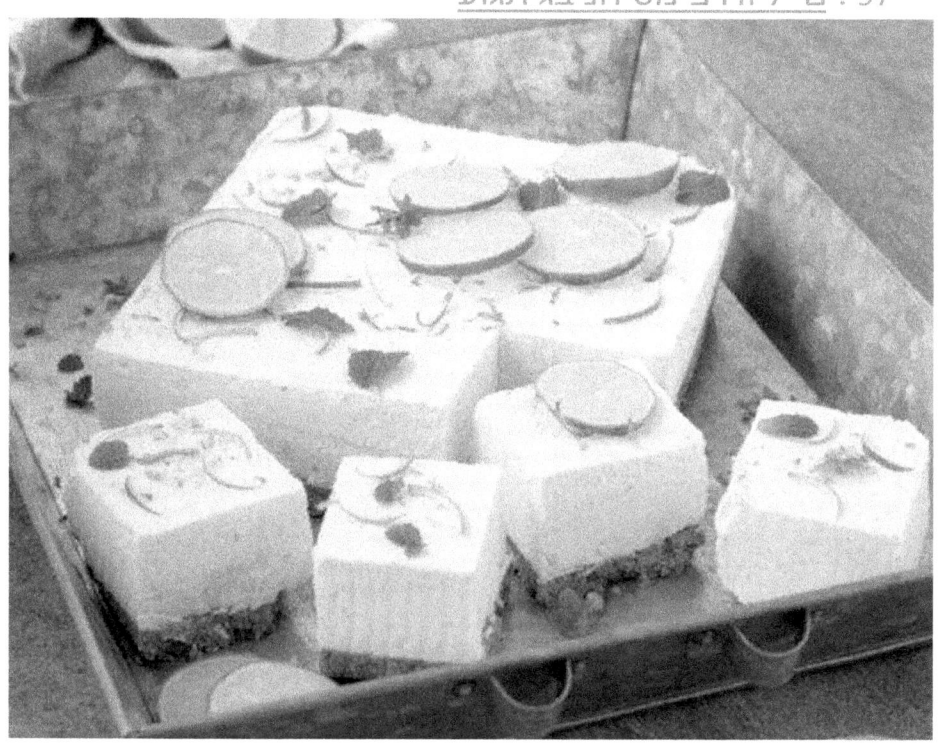

כריבים:
עבור הקרום:
- 1 ½ כוסות פירורי קרקר גרהם
- ⅓ כוס חמאה מומסת
- 2 כפות סוכר מגורען

LIME-ה ודרמיפסעבור:
- 4 ביצים גדולות, מופרדות
- 1 כוס סוכר מגורען
- ½ כוס מיץ ליים סחוט טרי
- גרידת 2 ליים
- 1 ½ כוסות שמנת כבדה

לשכבת עוגת הגבינה:
- 8 אונקיות גבינת שמנת, מרוככת
- ½ כוס אבקת סוכר
- 1 כפית תמצית ונילה
- לקישוט:
- גרידת ליים
- קצפת

הוראות:

a) בקערת ערבוב, מערבבים את פירורי הקרקר גרהם, החמאה המומסת וסוכר מגורען. עבור הקרום. מערבבים עד שהפירורים מצופים בצורה הרוצה האחידה.

b) מהדקים את תערובת הפירורים לתחתית תבנית קפיץ בגודל 9 אינץ', וייצרו שכבה אחידה. מניחים את התבנית במקרר לצינון ומזל שאתם מכינים את המילוי.

c) בקערת מיקסר גדול מקציפים יחד את החלמונים והסוכר עד לקבלת קרם בהיר.

d) מוסיפים את מיץ הליים וגרידת הליים לתערובת החלמונים, וממשיכים להקציף עד לקבלת תערובת אחידה.

e) בקערה נפרדת מקציפים את השמנת הכבדה עד שנוצרות פסגות רכות.

f) מקפלים בעדינות את הקצפת לתערובת הליים עד להטמעה.

g) בקערה אחרת מקציפים את החלבונים עד שנוצרים פסגות נוקשות.

h) מקפלים בזהירות את החלבונים הטרופים לתוך תערובת הליים והשמנת, נזהרים לא לערבב ביתר על המידה.

i) יוצקים את תערובת חצי פרד ודו הקרקר מעומר נבון על הליים על בתבנית הקפיצית, מפזרים אותו באופן שווה.

j) מכניסים את התבנית למקפיא ומניחים לה להתייצב כ-4 שעות או עד להתייצבות.

224

k) בניתיים מכינים את שבכת עוגת הגביה על ידי הפצקה של גבינת השמנת בתוך כוס או מיכל, מערבבים אותה היטב עד לקבלת מרקם חלק וקרמי. הכרה, אבקת סוהר ותמציה וניל עד לקבלת מרקם חלק וקרמי.

l) לאחר ששבכת סמיפרדו ליים יציבה, מוחרים את תערובת עוגת הגביה לעל.

m) מחזירים את התבנית למקפיא ונותנים לה להתייצב במשך שעתיים נוספות או עד שהן יציב.

n) לפני ההגשה, מוציאים את עוגת הגביה הסמיפרדו מהמקפיא ונותנים לה לשבת בטמפרטורה חמה דקה כמה דקות כדי להתרכך מעט.

o) מקשטים בגרידת ליים וקצפת, אם רוצים.

p) פורסים ומגישים את עוגת הגביה הסמיפרדו ליים צוננת.

225

98 . הרולפיספ דלוקוש ודרפימס יבירכ

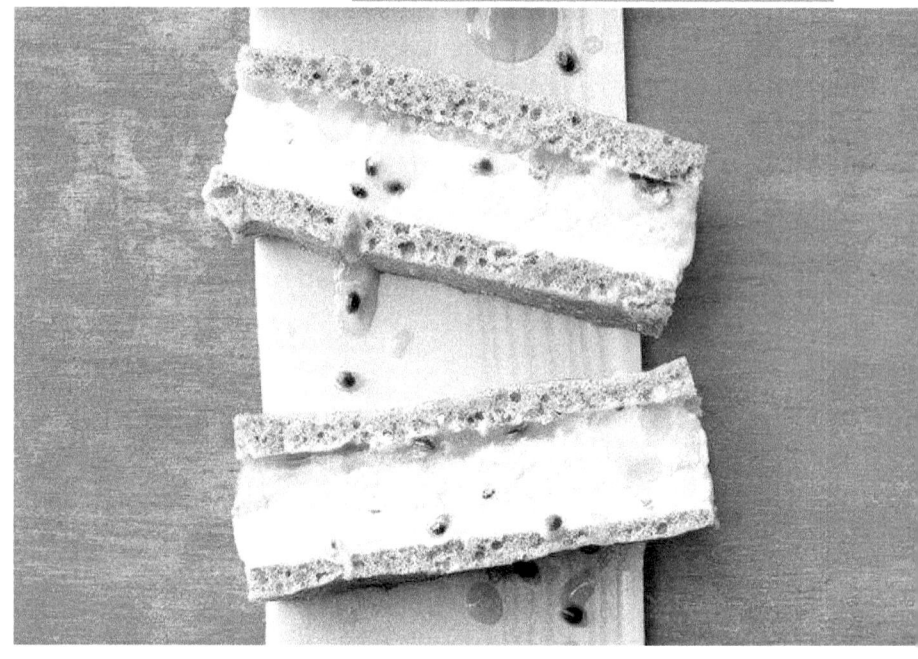

כריבים:

- 200 גרם שוקולד לבן קצוץ
- 4 ביצים גדולות, מופרדות
- 100 גרם סוכר מגורען
- 300 מ"ל שמנת בכבדה
- 1 כפית תמצית וניל
- ¼ כוס סיעת פיספלורה
- 16-20 עוגיות או ביסקוויטים לבחריתכם

הוארות:

a) ממיסים את השוקולד הלבן בקערה חסינת מום עמל ריס עם מים רותחים. מערבבים מדי פעם עד לקבלת מרקם חלק. מסירים מהאש ונותנים לו להתקרר מעט.

b) בקערת ערבוב גדולה הולד מקציפים את החלמונים והסוכר יחד עד לקבלת קרם בהיר. מוסיפים את השוקולד הלבן המוסמך לתערובת החלמונים ומערבבים עד לקבלת תערובת אחידה.

c) בקערה אחרת, מקציפים את השמנת הכבדה ותמצית הוניל עד שנוצרות פספגות רכות.

d) מקפילים בעדינות את הקצפת לתערובת השוקולד הלבן עד לקבלת תערובת אחידה. לאחר מכן מקפלים את המיץ מתא סיעת הפיספלורה.

e) בקערה נפרד נקיין ובישה את מקציפים את החלבונים עד שנוצרים קצף נוקשה.

f) מקפלים את החלבונים הטרופים לתערובת הסמיפרדו עד לקבלת תערובת אחידה.

g) מעבירים את תערובת הסמיפרדו באופן ריבו או תבנית פאי. מחליקים את החרום את תערובת הסמיפרדו. בעייפה. מירת בעזרת העליון. מחליקים את הקלחה העליונה בעזרת תירת. מקפיא למשך 6 שעות לפחות או למשך הלילה עד להתייצבות.

h) לאחר התייצבות הסמיפרדו, מוציאים אותו מהמקפיא. בעזרת חותך עוגיות, לוגו חותכים עיגולים של חצי פרף כך שיתאימו ומידת לגודל העוגיות.

i) חק שתי עוגיות וכרוך בינהן סיבוב של סמיפרדו. חוזרים על הפעולה עם שאר העוגיות וסוביבו הסמיפרדו.

j) מניחים את כריכי הסמיפרדו בחזרה למקפיא למשך השעה לפחות כדי להתמצקה.

k) הגישו את כריכי סמיפרדו ושוקולד לבן-הפיספלורה נוצנים והתנהו!

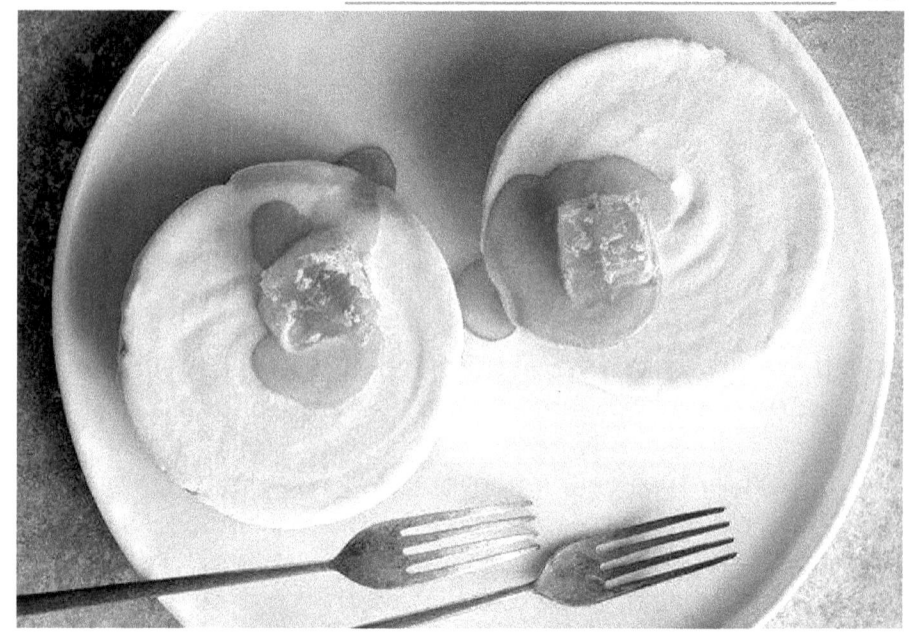

כריבים:

לקפילות טאראט:
- 1 ½ כוסות קמח לכל מטרה
- ¼ כוס סוכר מגורען
- ¼ כפית מלח
- ½ כוס חמאה לללא חלב, קרה וחתוכה לחתיכות קטנות
- 1 חלמון ביצה גדול
- 2 כפות מי קרח

ודיפמיסלמליוי:
- 1 גרגיר וניל, מפוצל לאורך וכרואל וגוערניני מגורדים
- 2 כוסות שמנת בדבה
- ½ כוס דבש
- 4 חלמונים גדולים
- ¼ כוס סוכר מגורען
- חלמון טרוק

לקישוט:
- פירות יער טריים
- עלי מנטה

הוראות:

a) בעמק מעורבבים את מזון מערבבים את הקמח, סוכר והמלח. מוסיפים את החמאה הקרה ומעבדים עד שהתערובת הריכוזית מזכירה פירורי גסים.

b) בעקרה נטקה, טורפים יחד את החלמון ומלון ומי קרח. מוסיפים בהדרגה את תערובת הביצה למזן בעמבד תוך כדי עיפמ, עד שהבצק מתאחד.

c) טופיס. פוכיס את הבצק על משטח מקומח ומעמצובים תולק ומעמבים מצ'נד למרקר לפלח העשה לפתוחת. אווו וביילנ ומצנד מעבריים למקרר לשה העשה לפתוחת.

d) מחממים את התנור ל-375 מעלות צלזיוס (190 מעלות צלזיוס.) מרדסים את הבצק המוצנק ומצוונן לעובי של כ-⅛ סנטימטר. וגרז ומעגילים טעם גדולים יותר מבסיס הבצה. מניחים את הבצק לתוך תבנית טאראט, וקכמה. מהדקים את הבצה ליגולי לתוך תבנית שלכם. מבנית טאראט כלשמ ומקדים.

e) 12-15 מניחים את תבנית הטאראט על תבנית רין עם נייר אפייה ואופים במשך דקות, או עד שקליפת טאראט מזהיבה. מוציאים מהתנור ונותנים להם להתקרר לחלוטין.

f) בסיר, מערבבים את זרד ונילי, השמנת הדבבה ושבדהו. מחממים על אש 10 עד שינוני שמסירים מהאש שזה ונותנים לה להתבשב במשך דקות. להבשל עד שיחתיל להסמיך.

g) בערעת תערובת, טורפים יחד את המלחמונים, סוכרה ומה חלמ עד לקבלת תערובת אחידה.

229

h) יוקצים באיטיות את תערובת השמנת הסופג לתוך גופת לתל הסכנת תערובת החלמונים תוך
    טריפ המתמדת.

i) מחזירים את התערובת לסיר ומבשלים על אש נמוכה תוך כדי ערבוב מתמיד
    עד שהיא מסמיכה ומצפה את גב הכף. זה ייקח בערך 5-7 דקות.

j) מסירים את הסיר מהאש ונותנים לתערובת להתקרר לחלוטין.

k) לאחר התקררות, יוצקים את תערובת הסמפרדו לקליפות טארטה המובנות.
    מחליקים את החלק העליון בעזרת מרית.

l) מכניסים את הטארטים למקפיא ל-4 שעות לפחות או לילה עד שהם
    מתייצבים.

m) לפני ההגשה הנתונים לטארטים לשבת בטמפרטורת החדר כמה דקות כדי
    להתרכך. מקשטים בפירות יער טריים ועלי נענע.

n) תהנו מעוגות סמפרדו מופלי יוני לילי ודבש מעננגים!

100 . 'צנאפ לא ודרפימס

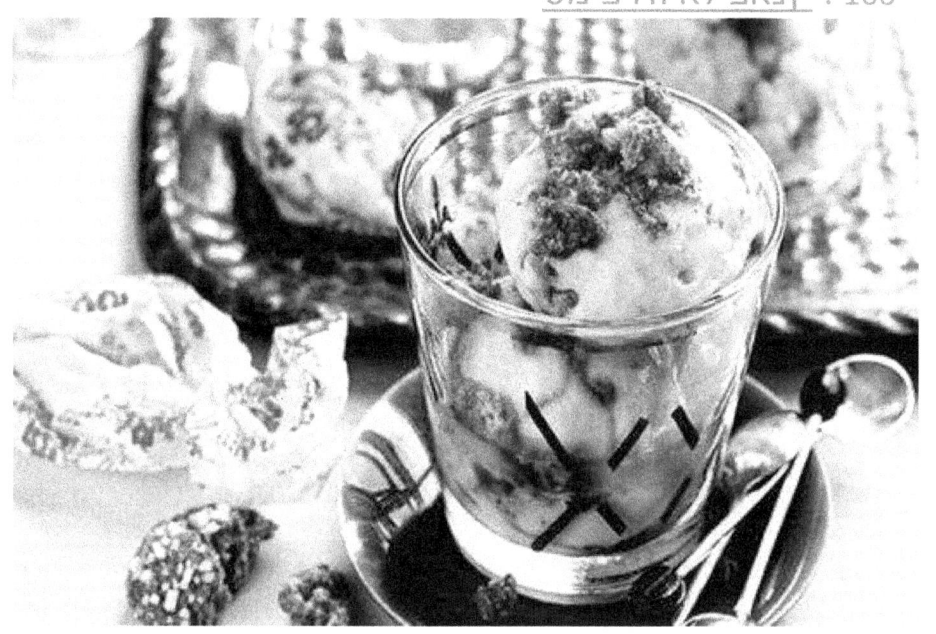

רכיבים:

- 4 ביצים גדולות, מופרדות
- 100 גרם סוכר מגורען
- 1 כפית תמצית וניל
- 100 מ"ל רום או ברנדי
- 100 מ"ל ליקר תפוזים (כגון קוינטרו או גרנד מרנייה)
- 300 מ"ל שמנת לבישול
- 100 גרם פירות מסוכרים מעורבים (כגון קליפת תפוז, דובדבנים, אתרוג),
  קצוצים
- 50 גרם שוקולד מריר קצוץ דק
- 50 גרם שקדים קלויים, קצוצים

הוראות:

a) בקערת ערבוב גדולה הקלטו את החלמונים והסוכר יחד עד לקבלת קרם
בהיר.

b) הוסיפו את תמצית הוניל, הרום או הברנדי וליקר התפוזים לתערובת
החלמונים. עברבו עד לקבלת תערובת אחידה.

c) בקערה נפרדת מקציפים את השמנת עד שנוצרות פסגות רכות.

d) מקפלים בעדינות את הקצפת לתוך תערובת החלמונים עד לקבלת תערובת
אחידה.

e) מוסיפים לתערובת את הפירות המסוכרים, השוקולד, הקצוצים, השקדים
והשקלויים. מקפלים אותם בעדינות.

f) בעקרה נקייה הבשיו את הקציפים את החלבונים עד שנוצרים פסגות נוקשות.

g) מקפלים את החלבונים הטרופים לתערובת הסמיפורדי עד להטמעה אחידה.

h) יוצקים את תערובת הסמיפורדי לתבנית או לכל כלי הגשה אישיים. מחליקים
את העליון בעזרת מרית.

i) מכסים את התבנית או הכלים בניילון נצמד ומכניסים למקפיא למשך 6 שעות
חפלו או עד הלילה עד להתייצבות.

j) להגשה, מוציאים את הסמיפורדי מהמקפיא ונותנים לו לבשל בטמפרטורת
החדר מכל הקודת ידי בכרתהל מעט.

k) ומגישים במנות אישיות.ופרדיספסמיורסיום או גוזירים את ה- al Punch

סוכיס

שיצה את הדמיוון שלכם ופתחו את עיניכם לא ודפימסה תשוחחותאנו ומקוויס ש-
. המהכבית הראשונה וע דאהורנה, ודרפמסהאפשרויות היאנסופיות של
לתענגונות הקפואים הללו ושי את הכוה להקיס ולרתק, ולהפרו לכ עגר ליגר החגיגה
קולינרית. בין אמ תבחרו להגיש אותם במגפפט משהפחתי, בעיור חומיד או בכפינוק
תימד ישיארו ושמ מתמשר.ודפרימסאיסי, יצירתי

,א לא חפחד ההלנתסות, לההדיסמכשאתה ממשיר את ההסמע של דרך עם
ולהפרוך את המתכונים האלה לשלך. אל ההסס הוסיפ את המרכיבים האהובים
ודרפסמעליר, לשחק עם החקל שליבוי טעמים שונים, ולתת ליצירתיות שלך הרזחו.
סוע בתהליר האותב הדימ השוה עסק האצותב. זה הדנה ובכמ לצעד, התנגנו על
לב עט וסמע והתנגנו על החמשה בציריתר וחשושת קפואות שיביא וחוביס ושרו
. סלובביס אתכמ

אלם היהי ךלש חבטמהש וצר יהי .וזה האופקה הקתפרהל ונילא תפרטצהש הדות
!הנהמ האפקה .תויצסנס ודרפימס לש קותמה יותיפבו הבהאב ,קוחצב

233

Milton Keynes UK
Ingram Content Group UK Ltd.
UKHW020937221123
433051UK00020B/1154

9 781835 832974